# 我国职前体育教师教育制度百年变迁研究

王 建 肖 滨 崔媛媛◎著

文化发展出版社
Cultural Development Press
· 北京 ·

## 图书在版编目（CIP）数据

我国职前体育教师教育制度百年变迁研究 / 王建，肖滨，崔媛媛著．— 北京 ：文化发展出版社，2023.7
ISBN 978-7-5142-4047-4

Ⅰ．①我… Ⅱ．①王… ②肖… ③崔… Ⅲ．①体育教师-师资培养-教育史-研究 Ⅳ．① G807

中国国家版本馆 CIP 数据核字 (2023) 第 137700 号

# 我国职前体育教师教育制度百年变迁研究

王 建 肖 滨 崔媛媛 著

---

出 版 人：宋 娜

责任编辑：周 蕾　　　　责任校对：岳智勇

责任印制：邓辉明　　　　封面设计：守正文化

出版发行：文化发展出版社（北京市翠微路 2 号 邮编：100036）

网 址：www.wenhuafazhan.com

经 销：全国新华书店

印 刷：天津和萱印刷有限公司

---

开 本：710mm × 1000mm 1/16

字 数：139 千字

印 张：7.75

版 次：2024 年 1 月第 1 版

印 次：2024 年 1 月第 1 次印刷

---

定 价：72.00 元

I S B N：978-7-5142-4047-4

---

◆ 如有印装质量问题，请电话联系：010-58484999

# 序

百年大计，教育为本。教育是一个民族发展繁荣的根基，教师则是决定教育质量高低的关键。2018 年，中共中央、国务院发布《关于全面深化新时代教师队伍建设改革的意见》，这是中华人民共和国成立以来党中央颁布的首个面向教师队伍建设的政策文件，具有重要的历史意义。随着体育教育事业的发展，我国体育教师教育从最初的“师范教育”发展为“教师教育”，其内涵更加丰富。我国职前体育教师教育改革的历史实际上就是体育教师教育制度演变的历史。职前体育教师教育改革是体育教师教育改革的一个重要方面，对职前体育教师教育制度相关问题的研究具有重要的理论和实践意义。

本书对高校体育教师的职业发展、我国职前体育教师教育制度演变历程、我国职前体育教师教育制度的演变特征、我国职前体育教师教育制度演变发展中存在的问题、我国职前体育教师教育制度问题产生的影响因素、我国职前体育教师教育制度演变的启示等内容进行了研究和介绍。

本书共 8 章，南京体育学院副教授王建撰写了第 1～4 章，萍乡学院讲师肖滨撰写了第 5 章和第 6 章，安徽工程大学外国语学院讲师崔媛媛撰写了第 7 章和第 8 章。

本书是安徽工程大学校级国家社科预研项目“提升中小学体育课堂对学生体质健康促进效益研究”（项目编号：113/KZ42019057）的阶段性成果。

笔者在撰写本书的过程中借鉴和吸收了许多前人的研究成果，参考了大量的文献资料，在此，谨向各位专家、学者表示诚挚的谢意！

由于笔者的学识、时间和精力方面的局限，书中难免有疏漏和不当之处，敬请各位专家、读者不吝赐教。

# 目　　录

# 1　绪论

## 1.1　研究我国职前体育教师教育制度的依据

### 1.1.1　新时代健康中国背景下对体育教师专业化发展的要求

教育大计，百年为本。教育事业是国家繁荣昌盛的根基，而教师的教育水平尤为重要。如今，体育教师专业化、体育教师教育制度化已成为世界各国共同关注的主题。想要全面实现教师教育高质量的发展，最主要的一项举措是通过职前体育教师教育制度来推动，该制度在教育事业发展中发挥着不容小觑的作用。自中华人民共和国成立以来，党和政府都非常注重体育师资队伍的培养，不论是对于教师的职前教育，还是在教师的职中和职后教育方面，我国政府都出台了一系列与之相关的制度措施。特别是进入新时代以来，为了更好地实现教育高质量的发展，基础教育师资建设成为我国发展建设当中不可或缺的一项内容。2018 年 1 月的《关于全面深化新时代教师队伍建设改革意见》是中华人民共和国成立以来党中央出台的第一份专门面向教师队伍建设的政策文件。而且在这一年我国还在北京召开了全国教育大会，会议当中明确指出要全面加强新时代教师队伍的建设，而且要把此作为主要教育发展方向。这次会议也是习近平总书记在建设和推动发展中国特色社会主义道路中提出的主要思想，同时这次也是第一次召开这样的教育会议，可见该会议具有划时代的里程碑意义。全面提升体育教师的教育质量，对我国教育事业的改革至关重要。我们都知道人类社会的发展和变革在一定程度上都是随着当时社会发展过程中一个又一个制度的变迁而慢慢演变的。换言之，所谓的社会变革其根本上是指社会在某个领域上的制度的变迁。回顾我们国家的历史，我们的每一次社会体制的变化都使我们的各项事业获得了很大的进步，并且都取得了很大的成就。改革成功的关键在于科学合理的制度的诞生，可以说制度的变迁是促进和影响整个社会发展和进步的重要因素。因此，在一定程度上，我国体育教师教育改革的关键在于职前体育教师教育，而职前体育教师教育改革历程也是其体制演进的历程。因此，围绕职前体育教师教育制度展开相应的研究，并挖掘其中的问题进行探讨，对于推动和促进职前体育教师教育发展具有一定的理论和现实意义。

### 1.1.2　建设专业化的体育师资队伍是我国学校体育事业发展的必然趋势

这些年，我国政府非常注重学校体育事业的发展，制定了一系列能够有效推动学校体育事业发展的改革措施。2014 年，教育部正式发布了有关优秀教师培育计划的文件，其中明确指出要结合当前各学校的实际发展情况，重点培养优秀教师，培养能够充分适应新时代教育发展需求的优秀教师。在我国，学校体育教育改革的目的是更好地使每个学生都接受体育教育，而在基础教育阶段，学校体育教育改革的关键在于要培养优秀的体育教师。推动和加强体育教师教育的发展是实现学校体育改革的关键。2018 年教育部等五部门颁布《教师教育振兴行动计划(2018—2022 年)》，该文件中明确指出要打造高素质的优秀体育教师队伍，提升整体体育教师质量。在该文件的正确引导下，各大省市和自治区纷纷响应了国家的号召和政策，结合当地的实际情况，制定了不同类型的实施办法。

中华人民共和国成立后，体育教育事业不断发展，我国的体育师资教育由“师范教育”向“教师教育”转变，其内涵也越来越丰富。目前，我国体育师资队伍建设的重点是依赖高等体育院校进行专业培养，而高校体育教育专业担负着重要的体育教师职前培训责任。通过调研发现，目前我国体育师资培训体系还存在一些问题，如:“优先发展”的策略还尚未得以真正落实，缺乏资金支持；师资培训制度相对封闭；城乡发展不均衡，乡村体育师资短缺；在新、旧制度转型时期，存在体育师资培训薄弱等问题。本书认为，探寻这些问题依然存在的主要原因要从我国高校体育师资队伍建设的历史演进入手，通过对高校体育师资队伍建设的有效引导和监控，进而总结梳理出影响高校体育师资队伍建设的主要因素。

现如今我国教育事业已经迈入了新的发展时期，承担着新的发展使命。而在这样的使命背景下，回顾我国教育事业多年的发展历程，可以发现在不同的历史发展阶段我国教育行业有着不同的规章制度，不同时代的制度体系体现出了时代的进步，同时这些制度体系也会随着时间的流逝逐渐发生或大或小的改良。在历史车轮不断前进的过程中，职前体育教师教育制度的诞生，在一定程度上也具有特殊的历史发展特征。体育教师教育的发展从根本上来看离不开有关制度的保障，针对职前体育教师教育制度演变的发展历程展开深入的探讨和研究，既能够探寻和挖掘从中华人民共和国成立以来在不同历史发展阶段对职前体育教师教育制度造成影响的多重因素，又能够梳理和总结出我国职前体育教师教育制度多年来的改革和演变规律，这样在丰富有关理论的基础上，提出更好的有关优化制度的策略和方法。

## 1.2 研究我国职前体育教师教育制度的目的与意义

### 1.2.1 研究目的

其一，通过对中华人民共和国成立以来我国职前体育教师教育制度演变的发展历程和规律进行全面梳理及总结，正确厘清该制度发展的历史脉络。

其二，通过探讨和分析该制度演变发展的历史过程，归纳和总结其历史演变的特殊特征，总结和剖析与该制度演变及发展有关的因素。

其三，进行最后的归纳和总结，并为现代化的体育教师教育制度的改革和发展提供参考，同时有针对性地提出行之有效的改革优化建议。

### 1.2.2 研究意义

#### 1.2.2.1 理论意义

目前，国内已有不少关于体育教师教育制度的研究，但对于职前体育教师教育制度的研究却相对滞后、研究成果不多。目前有关职前体育教师教育制度的研究多集中在系统文献整理与实证分析两个方面，尚未触及系统理论层面。本书从制度演进的基础理论出发，通过对我国职前体育教师教育制度演进的研究，试图突破现有研究的局限，寻求一种新的范例，并对其进行理论探讨。因此，本书的研究对于未来的职前体育教师教育制度的构建具有重要的指导作用。

#### 1.2.2.2 实践意义

体育教师教育是促进我国体育事业发展的一个重要环节，也是促进体育教学科学化的一个重要环节。体育教师是学校体育发展的一支重要力量。加强对高校体育教师的教育，既有利于促进高校体育教师队伍建设，也有利于促进高校体育工作的发展与完善，促进青少年体质健康、身心发展。另外，要推动基础教育阶段的学校体育教学改革，必须对职前体育教师教育体制进行调整。对职前体育教师的培养体系进行深入的探讨，可以为其提供更好的保障。因此，加强高校职前体育教师队伍建设，是推动和深化高校体育教学改革的必然要求。

## 1.3 职前体育教师教育制度的相关概念界定

### 1.3.1 制度

从制度的内涵来看，其具有习惯和指导的意义，通过制度可以制定相关的规则和程序，制定相应的道德伦理规范。对于制度的内涵解释主要体现在两个层面：其一，制度代表需要所有的人共同遵守的约定和准则。其二，制度代表在一定的历史条件下，形成的一种基于政治、文化等内容的体系。有关制度的内涵解释，一部分学者表示，所谓制度，主要是指一种规则体系，可以通过制定的主体和每个主体的行为和关系进行相应的调整。

新制度经济学的学者从多个角度对其进行了定义。著名经济学家霍奇逊把制度看作社会组织，即在社会传统、习惯和法律的制约下，形成的一种可持续发展的行为准则。著名经济学家诺斯关于制度的定义趋向于规则、规范，其是以限制主体最大化效用为目标而制定的一套行为规则和道德规范。

新制度政治学以制度为工具，以新的角度、新的研究方法来研究政治科学。这一理论的中心议题是各个利益团体为了获取有限的资源而进行的激烈竞争，这是存在政治进程中不可或缺的一环。从一定意义上说，新制度政治学中的“制度”是指正式和非正式的规范、程序和惯例，这些都是与政治体系相联系的。

新制度社会学主张，制度可以透过传统的社会认知和文化规范来影响个人的行为。其包含正式的规则、规范和程序，以及一种符号或认知模式、道德模式，这些模式对人们的行动具有“指导意义”。在新制度社会学的视野中，制度是对个人行为进行规范的社会组织。

因此，本书认为，制度是一种对个人与组织行为的规制与制约的一系列安排，包括政治、经济、文化传统以及个人与组织的行为准则。

### 1.3.2 教育制度

从教育制度的概念解释来看，主要是指在特定社会中，为实现国家的教育目标而建立的各种组织体系，该组织体系在发展过程中会受到社会政治、文化等多方面的影响。有学者指出，教育制度的类型一般有两种：一种是具有法制性的教育制度，另一种是具有社会惯性的教育制度。从教育制度的特征来看，其本身具有一定的强制性和权威性，它的作用在于调节个人或具体的教育机构之间的关系。教育制度是在基于社会、政治和经济、文化演变的过程中所发展出来的一种产物，是制约和指导一个国家不同教育机构与教育组织之间的体系，其包含着两方面的内容：一是各种教育组织及其体系，二是教育组织及其运作和管理的规则，如教育的法律和法规。

### 1.3.3 教师教育

“教师教育”一词最早是用来形容专业教师培养的专用术语，在很早以前叫作“师范教育”。从 20 世纪 90 年代开始，我国教师教育逐渐步入转型发展时期，后来在国务院颁布的有关基础教育改革与发展的决定政策文件当中第一次采用了“教师教育”这个词。自此之后，“教师教育”一词取代了“师范教育”。其实“教师教育”这个名词并不是我国发明的，而是从日本引进的，它是指对教师进行专业化培育的活动和学校。从 1990 年开始，在很多教育文件当中，都可以看到“教师教育”这个词，其主要是指针对教师开展专业化的培育教育。从内涵上来看，教师教育主要是指针对所有教师开展职前、职中、职后的全过程教育。

### 1.3.4 体育教师教育

从以上对于教师教育概念的界定可以总结得出，体育教师教育可以分为三个不同的教育阶段：一为职前教育，二为职中教育，三为职后教育。也就是说，体育教师教育是囊括了这三个教育阶段的总称。具体来说，开展体育教师教育，是在基于终身教育的思想基础上，从三个不同阶段对体育教师开展专业化的教育，可以说体育教师教育展现出了一定的连续性和发展性。而所谓的职前体育教师教育主要是说，在基于终身教育指导思想的基础上，从全局角度考虑，设置与体育教师教育有关的职前教育培育课程和内容。

### 1.3.5 体育教师教育制度

所谓体育教师教育制度，主要是指人们在开展体育教师教育活动的过程中必须遵循的一种规则，也可以说是对体育教师以及有关的教育组织的教育行为形成的一种约束条件。本书主要围绕中华人民共和国成立以来体育教师教育制度的演进发展历程进行研究，剖析这三个不同体育教师教育阶段中国家出台的一系列政策、方针以及有关的法律法规，剖析其演变的规律，总结经验，并为我国现代化体育教师教育制度的改革提供相应的优化建议。通过分析发现，体育教师教育制度改革一直是国家非常重视的改革内容。所以，在我国体育教师教育制度改革当中，职前体育教师教育制度的改革也必不可少。在特定的发展时期，我国对于体育教师的培养制度和培养模式给出了基本的规定，其包含了从中华人民共和国成立以来一直欠缺的相对应的制度，以及在制度内容方面欠缺的相关政策和方针等，需要在这些方面不断加强，制定和推出一些能够适应新时代发展的体育教师教育培育政策和方针，以及相应的法律法规。

## 1.4 研究我国职前体育教师教育制度的理论基础

### 1.4.1 制度变迁理论

制度变迁的理论主要有三类：建构主义制度变迁理论、演进主义制度变迁理论和利益集团制度变迁理论。

建构主义制度变迁理论认为，制度变迁属经济史范畴，国家理论和产权理论是制度变迁理论的两大基本支柱，产权使得社会秩序得以维持，经济的增长依赖于有效的产权，而产权的建立需要国家的参与，国家可设计出合理的产权结果，从国家的行为中也可以观察出经济的发展情况。由此可以看出，建构主义的制度变迁理论实质上是受国家意志主导的。

不同于建构主义的制度变迁理论，演进主义变迁理论认为，制度的发展是一个自然演进的过程，只有在自然条件下演进出来的制度，才有可能成为好的制度。由于人类的信息与知识都很有限，不可能设计出“好的制度”。若是非要由人类设计制度，那么这种制度极有可能成为一种集权的制度。在自然状态下形成的制度就可以避免由于单一、独立的中心的存在而形成不合理的制度。拥有不同的经济主体和一定的个人自由，才能为制度的自然演进提供空间。从这个层面来看，哈耶克的制度变迁理论主张的是制度的客观状态下的自然演进。

利益集团理论则是综合了前面两种理论，认为制度变迁的本源是利益集团的形成和发展。一个好的经济制度的形成需要适当削弱和减少利益集团，否则就会影响经济制度的发展。

以上三种不同的制度变迁理论中，建构主义制度变迁理论影响最为广泛，尽管这一理论的主张是立足于经济学领域的新制度主义提出的，但是对社会学、政治学等学科的新制度主义的研究均产生了重要影响。

### 1.4.2 制度教育学理论

制度教育学最早产生于20世纪中后期的法国，其发展引起了世界相关研究领域学者们的关注。制度教育学主要研究在不同的制度背景下，与教育活动相关的个体的行为及其关系和相互影响。依据制度施行的主体不同，制度教育学大致可以分为宏观、中观和微观三个层面。宏观制度教育学是指国家对教育的地位、作用及运行等做出制度性规定的理论研究；中观层面制度教育学是指地方政府（省、市等）对地方教育的发展管理做出制度性规定的理论研究；微观制度教育学是指学校、教育机构等对教育活动中的个体与群体的相互关系的制度性规定的理论研究。总之，制度教育学不同于教育制度学，它不是简单地研究教育制度，而是对教育制度从制度分析的层面展开社会学范式的研究，从而使得人们对教育制度的研究在方法和理论视野上得到拓展。

### 1.4.3 教师教育理论

#### 1.4.3.1 教师专业化和教师专业发展

美国教育家琳达·达林-哈蒙德提出，“当前我们的世界正处于一个飞速变革的时代……教师必须具备使全体学生都能进行有效学习的能力……这对教师来说是一个巨大的挑战。为了迎接这一挑战，就要求我们教师具备更为广博而又深厚的知识积累，同时还要求教师具备熟练而多样的教学技能，所有对未来教师的要求本质上就是要求实现教师专业化的发展”。专业化是指一种职业经过一段时间后成功地满足某一专业性职业标准的过程。教师专业化是指教师职业具有自己独特的职业要求和职业条件，有专门的培养制度和管理制度，既包括学科专业性，也包括教育专业性。教师是一项专门职业，其发展是一个专业化的过程，是社会发展、职业分化的自然结果和必然要求。为了承担这项专门职业，教师首先需要经过一定期限的系统训练，达到国家规定的标准方能胜任。同时，专业化性质还要求从事教学工作的人必须不断地学习所教学科及其相关的专业知识与技能，不断地精益求精，才能保持自身的专业水平。教师专业发展是教师个体专业不断发展的历程，是教师不断接受新知识、增长专业能力的过程。对于体育教师而言，其专业发展是指在整个职业生涯中，通过专门训练和终身学习，逐步习得体育教育的专业知识与运动技能，并在体育教学实践中不断提高自身的教学艺术水平，从而成为一名优秀的体育教育专业工作者的整个过程。体育教师教育既承载了体育学科的专业性又要满足教育学科的专业性，还要使所培养的人才在工作岗位能表现出教育的专业性。因此，在体育教师职前教育的过程中既要进行专业的教育，还要为未来的小学体育教师由新手向专家发展的不断学习、成长打基础。学术界把教师专业发展理论的价值取向归于理智取向的教师专业发展、实践反思取向的教师专业发展和生态取向的教师专业发展三类。

理智取向的教师专业发展的主要观点在于强调教学专业的重要性。他们认为，如果教师想要进行有效的教学，就必须掌握教学专业最基本的两类知识：第一，内容知识（知识、技能、价值观等）；第二，教育知识（帮助学生获得内容的知识和技能）。而实践反思取向强调个人的、实践的、专业的知识是交织在一起的。关心的问题是“教师实际知道些什么”和“如何让教师知道他们知道些什么”，教师主要是通过反思来理解自己和自己的实践，并达到实现教师的专业发展的目标。生态取向的教师专业发展则强调一种合作的发展方式，通过小组教师的相互合作，确定自己的发展方式。构建一种合作的教师文化，这种教师文化在内容上包括教师社群之间相互分享态度、价值观、信念、习惯及做事的方式，在形式上则包括成员之间的“关系模式”与“组合形式”。

以上观点表明：教师专业发展不是孤立元素所能实现的简单事物，是基于各方面的努力塑造而形成的结果。根据以上的理论：第一，教师首先要掌握必备的知识、技能等专业基础。第二，需要教师付出个人长期的努力。第三，需要教师队伍的环境氛围营造。同时，以上三种要素在教师的整个职业生涯中，是有所侧重的，职前部分更多关注的是知识基础的积累，职后则注重环境氛围的影响，而个人的努力则伴随在教师职业的任何一个时期。

#### 1.4.3.2 教师专业发展与教师专业标准的关系

任何职业的发展都应该具备相应的专业标准，因为专业标准决定了这个职业的专业化水平。关于体育教师职业标准，可以将其理解为教师专业标准。根据专业化的界定，专业性的职业标准将成为检验或者衡量某一职业是否专业化的具体标准。我们必须清楚地认识到，专业标准与专业发展具有必然联系，二者是相辅相成、相互促进和相互制约的，最理想的状态是两者应该并驾齐驱，如同专业的两驾马车相互呼应，共同驱力前行，才能更快、更好地驱动专业或者职业的发展。

#### 1.4.3.3 专业化培养是教师专业发展的基础

教师职业的专业化不仅仅是职业标准一方就能决定的。职业的专业化还在于专业的培养，只有经过专业化培养才可能有专业化职业的产生，否则职业的专业化只是纸上谈兵而不会成为现实。

随着现代社会的发展，本科阶段成为教师培养的基础和起点，如果将教师专业发展比作一棵大树，那么教师教育就是其“根”，根系越发达就越有利于大树的成长，只有发达的根系才有长成参天大树的可能。但在发达的根系上一定有一个主茎，这个主茎就是“人才”的呈现，其中主要的是明确培养目标，也是未来将要成就的事业。但是，从另一种角度而言，在培养的过程中，假若主茎不清，想要做到样样行，那就只能像灌木一样，即便根系再发达，想要成就栋梁也是不现实的。在人才培养的过程中培养目标不清晰势必就会造成大量的人才浪费和盲目的供能。因此，不管是培养与培训一体化还未形成的现阶段，还是在未来的职前和职后培训一体化建立阶段，明确职前培养目标，进行专业化制度建设均是现实之需。

# 2　高校体育教师的职业发展

## 2.1　国内外高校教师职业发展研究

### 2.1.1　高校教师职业发展阶段划分

国外高校教师的专业发展阶段因其年龄、专业发展的特征以及所面对的各种挑战而呈现出差异，其中最具有代表性的是美国教育家休伯曼提出的教师职业周期主题模式和美国心理学教授伯林纳提出的五阶段发展观（见表 2–1）。

表 2–1　职业发展阶段划分的主流观点

| 代表人物 | 阶段划分 |
| --- | --- |
| 休伯曼（1993） | 入职期（求生和发现期）、稳定期、实验和质变期、重新估价期、平静和关系疏远期、保守和抱怨期、退休期，探索了每一个时期的发展主题，真实地反映了教师的发展路线 |
| 伯林纳（1998） | 新手阶段、进步的新手阶段、胜任阶段、能手阶段、专家阶段 |
| 吴秋凤（2002） | 根据教师的教学时间进行了划分，青年期教师为 35 岁以下，中年期教师为 35～50 岁，老年期教师为 50 岁以上； |
| 吴金昌（2008） | 对于高校体育教师，要成为专业性体育教师需要经过 15～20 年的执教时间； |
| 张艳芳（2010） | 适应期、调整期、成熟期、停滞期、升级期和退出期； |
| 张琦（2010） | 助教（青年中期）、讲师（青年晚期）、副教授（中年中期）、教授（中年晚期）、退休（老年） |
| 傅道春（2001） | 积累期、成熟期和创造期； |
| 钟祖荣（2001） | 准备期（刚入校新生教师）、适应期（正式入校教师）、发展期（学校培养的骨干教师）、创造期（向专业教师进化升级阶段）； |
| 王俊生、陈大超（2004） | 初期引导阶段、进入成熟发展阶段、平稳发展阶段、“高原”停滞阶段、超越专业发展阶段和退出阶段 |

### 2.1.2　高校教师绩效考核与评价

高等教育中对教师的绩效考核和评估是评价教师的表现及行为并提高其效率的一种方式。一个完善的绩效考核和评估系统可以帮助教师确定他们的努力方向和应该达到的目标。直到 20 世纪 70 年代，教师评估体系才正式形成规模。通过整理和阅读文献，笔者发现美国、法国、澳大利亚等许多西方国家都广泛采用了绩效考核方法，并在绩效考核中形成和建立了科学规范的评价指标体系。

文献对一些典型国家和代表性观点进行了比较。例如：在美国，自 20 世纪 60 年代以来，已经进行了三次按业绩计酬的改革，但前两次都不尽如人意，直到 20 世纪 90 年代，第三次薪酬改革才将重点放在教育质量上。一方面教师的绩效被量化为学业成绩，另一方面，量化的绩效与教师收入挂钩，作为绩效工资的基础。为进一步完善我国教师的绩效薪酬评价体系，“美国政府通过全国主要的教师职业标准认证机构，对其进行动态的评价和认证”①。

美国近几年兴起的以培养教师专业能力为核心的知识技能报酬与报酬评估系统，以创造良好的教育效果、改进课堂教学态度为衡量标准，重视师生共同发展。很多学者针对美国大学教师考核制度进行了深入透彻的研究，如殷姿等撰写的《美国研究型大学教师考核制度研究》，该论文针对美国大学教师考核的具体构成特征进行了透彻的剖析和研究②。

英国教师绩效考核经历了“奖惩性教师评价”“发展性教师评价”“PRP 教师评价”“教师绩效管理”四个阶段。“奖惩性教师评价”在 20 世纪 70 年代和 20 世纪 80 年代初很流行，后受到抵制，因为其类似于企业管理理念，评价是晋升、加薪和解雇的依据，并不能激励教师进行自我管理。“发展性教师评价”是一种以教师为中心、以教师职业发展为核心的教学评估，但其指标不明确，过于强调教师的权威，缺乏调控作用。“PRP 教师评价”是将基于奖励的教师评价和基于发展的教师评价合并在一起的一种尝试，并且彼此互补。1998 年 12 月，英国工党政府发布了一本绿皮书，把教师的表现与薪资相结合，使教师的事业走向现代化。PRP 的教师评价体系包括学校奖励制度、教师制度和校长制度三大类别，目的是将工资与业绩相联系，从而激发教师的积极性。在这之后，英国的教师业绩评价逐渐演化为教师的业绩管理、政府制定的制度、学校的主要责任、学习企业的绩效管理方式等。综合参考了企业绩效考核办法，经过不断地优化和改革，英国教师绩效评价模式已经越来越成熟、越来越完善。

① 蒋平，程晋宽．美国教师绩效工资改革的历史嬗变与发展[J]. 上海教育科研，2013（9）：26—29.

② 殷姿，李志宏．美国研究型大学教师考核制度研究[J]. 高教探索，2005（1）：34—36.

就国内学者对于绩效考核与评价的研究来看，绝大多数学者倾向于评价主体和评价指标体系的研究，评价主体包含对于教师的自我评价以及学生给出的公平评价。韩乐江等在研究中指出，针对教师教学评估指标体系的设置，要更大比例地突出学生的主体性特征①。易宣等提出在绩效考核评价当中，要以学生评价为核心主导，同时还要结合同事评价、专家评价等多种评价主体参与的方式②。陈建超立足于创建多元化的教师自我评价办法，指出在1980年到1990年，教师绩效考核工作直接趋向于量化发展，学校非常注重对于定量分析和定性分析相结合的绩效评价考核方法，尤其是以定量评价为中心③。易元红、李庆乐等试图通过应用平衡计分卡方法针对高校教师绩效考核进行研究和探讨④，并就绩效考核工作过程中的激励功能和实际应用模式进行了分析⑤。赵承黎等运用层次分析法对高校教师考核工作的实际应用情况予以了分析⑥。

国内外学者比较分析了国外的教师绩效评价，详细阐述了国外的评价方法、制度和措施。鲁修红在《国外教师评价的本土化利用》一文中介绍了美国和英国教师评价的特点⑦。马敬华针对美国、英国、加拿大的教师绩效评价进行了对比研究，并就其绩效评价体系及其评价特征进行了分析，认为美国大学的绩效评价包括教学评价、科研评价和社会评价，评价方式包括自我评价、同行评价和学生评价，评价程序开放、透明，让教师有机会发表自己的看法。英国的教师评价程序是开放和透明的，教师可以通过各种途径表达自己的观点。在英国，"学校不以奖惩为目的"。加拿大的绩效评估包括教学、研究和学术服务，重点

① 韩乐江，李冰．浅谈高校教师的绩效考核[J]. 佳木斯大学社会科学学报，2005（4）：95–96.

② 易宣，朱方长．高校教师评价体系建构的合理性问题研究[J]. 高等农业教育，2004（3）：56–58.

③ 陈建超．试论素质教育背景下教师评价机制的构建[J]. 当代教育论坛，2005（15）：38–39.

④ 易元红．平衡记分卡——改进高校教师绩效考核的有效方式[J]. 科技创业月刊，2008（2）：103–104.

⑤ 李庆乐，徐继开．平衡记分卡在高校教师绩效考核中的应用[J]. 中北大学学报（社会科学版），2008（2）：94–97.

⑥ 赵承黎，石莹波，王瑞生．价值结构与层次分析法在高校教师绩效考核中的应用[J]. 经济师，2006（8）：118.

⑦ 鲁修红．国外教师评价的本土化利用[J]. 中南民族大学学报（人文社会科学版），2004（增刊2）：217–219.

是提高教师的教学和研究质量，采用定性和定量相结合的方法。

### 2.1.3 高校教师激励机制

美国知识管理专家坦姆普经过广泛的实证研究发现，知识工作者的四大激励因素依次是个人发展、工作自主权、工作成就感和经济财富。对教师而言，他们的经济财富就是用薪水来表达的。高校教师的收入是其主要的经济来源，收入的高低将直接关系到其生活的质量。教师的生活品质是影响其工作绩效的重要因素，薪酬水平是影响其工作的动力，也是影响其专业声望与社会地位的重要因素。教师的职业声誉与其社会地位有着密切的关系。

中国高校教师激励机制的研究主要集中在激励机制的问题、坚持原则、方法策略和意义等方面。在激励机制问题上，马云峰在考察激励理论的基础上，通过问卷调查的方式，考察了经济欠发达地区高校教师专业发展的问题，包括薪酬制度、竞争机制、工作晋升、成就动机和激励方法等问题①。王勇明等提出，要实现教师有序、高效的管理，必须坚持“公平”与“效率”相统一的原则。

如何建立高校师资与院校运行的激励机制，已成为学术界关注的焦点。王国新面向社会主义市场经济条件下的创新人才培养目标，从组织形式混乱、松散耦合、权力结构双重特征、高主体性、复杂性和创造性等方面概括出了一套适用于高校师资队伍建设的管理模式和以积极的动机为特色的经营策略②。王勇明等根据高校教师的行为偏好特点，设计适当的激励机制，使高校教师的最佳行为与学校的目标“激励相容”③。李军靠等提出了四种激励策略，即改变管理文化、改进人事分配制度、改进教师评估制度，以及建立一个学习型组织④。曾凯在《我国高校教师激励机制问题的研究》一文中介绍了激励理论，认为激励理论可以应用于高校教师的管理。

---

① 马云峰．激励机制理论在高校教师管理中的应用研究[D]．长春：吉林大学，2009．

② 王国新．构建高校青年教师激励的有效形式——主体性激励[J]．河北师范大学学报（教育科学版），2003（1）：83—87．

③ 王勇明，赵永清．高校教师激励机制的理论构建[J]．南京农业大学学报（社会科学版），2004（4）：80—84．

④ 李军靠，田伏虎，高启荣．欠发达地区高校教师专业发展激励策略探析[J]．黑龙江高教研究，2005（12）：118—120．

## 2.2 我国高校体育教师职业发展研究

### 2.2.1 高校体育教师职业发展现状与存在的问题

通过对高校体育教师的研究，可以发现高校体育教师主要包括从普通高校到专业体育院校的教师。高校体育教师面临的问题很多，包括学历、年龄结构、科研水平、工资水平等，如表 2–2 所示。在学历、年龄结构、科研与薪酬等方面，很多学者更注重科研问题。

表 2–2 高校体育教师职业发展存在的问题

| 存在的问题 | 学者论争 |
|---|---|
| 学历问题 | 1. 付奕、于芳、刘莹清在针对高校体育教师制度进行研究时发现，大部分体育教师学历较低；<br>2. 唐元、李莹、钱毅恒以河南省高校体育教师为例，通过调查发现该校的体育教师整体学历较低；<br>3. 史振瑞以北京体育大学、哈尔滨体育学院等为例，进行了相关的调查，调查发现众多体育教师当中篮球教师的学历普遍较低；<br>4. 朱慧芳研究认为体育教师整体学历普遍较低 |
| 年龄结构不合理 | 1. 付奕等在针对普通高校体育教师进行研究时发现，这些体育教师的年龄都偏小，较为年轻；<br>2. 河南省高校体育教师整体上也较为年轻（唐元等） |
| 工资待遇问题 | 1. 体育教师的工资普遍较低（付奕等）；<br>2. 专业体育院校给出的工资更低（史振瑞）；<br>3. 朱琳对 20 多个省市的学校进行了调查，发现这些学校普遍存在同工不同薪的问题，而且比例达到了 80%。在薪酬相同的条件下，体育教师的工作量相对而言也较大；<br>4. 朱慧芳对上海市高校中青年教师研究发现，体育教师的薪资普遍较低 |
| 科研方面问题 | 1. 河南省高校体育教师科研水平普遍不高（唐元等）；<br>2. 学术水平普遍较低（朱慧芳）；<br>3. 科研意识不强，主要关注度在于职称评选上（陈曦）；<br>4. 李春兰以河南高校体育教师为例，调查发现这些教师科研能力普遍较低；<br>5. 燕飞等以山西高校体育教师为例，调查发现这些教师科研认识度普遍不高；<br>6. 廖玫、李静波、樊莲香认为高校体育教师缺乏良好的科研能力；<br>7. 谢汶李认为高校缺乏良好的激励机制，科研经费也较为匮乏；<br>8. 周红萍认为科研激励机制较为欠缺，需要进一步予以优化 |

续 表

| 存在的问题 | 学者论争 |
| --- | --- |
| 性别比例失衡、学缘结构单一、教师工作量偏高 | 1. 专业体育院校男教师远远多于女教师（史振瑞），<br>专业体育院校 78. 7% 的教师毕业于现工作单位（史振瑞），<br>专业体育院校教师工作量普遍较多，每周的工作时间达到 18 学时以上，占教师一半以上的时间（史振瑞）；<br>2. 贾斌以湖南 20 所高校为例展开深入调查，调查发现体育教师和学生之间的比例占比达到 1 ： 435，明显可以看出教学工作过多，有 12% 的体育教师最终选择改行 |
| 培训缺乏、住房条件差 | 欠缺专业化培训，职后教育更是匮乏（史振瑞）；<br>专业体育院校教师住宿条件差（史振瑞） |

## 2.2.2 高校体育教师职业发展的相关制度

### 2.2.2.1 在职培训与继续教育

高校体育教师的职后教育能够拓展更新知识、提高素质、改进教学方法、拓展体育教育技能。体育教师参加继续教育是为了更好地提高自身的专业素质、教学能力和科学素质。目前，国内外学者对高校体育教师的在职训练与持续教育进行了探讨，主要从内容、问题、解决方法、意义等方面进行了探讨。

余卫平等对在职教育与继续教育进行研究，参考俄罗斯、美国等国家的教学模式，结合美国、俄罗斯继续教育的发展状况，探讨中国高校体育教师继续教育的基本思路：全面规划，制定政策；全面培训，分级负责；突出重点，形式多样；注重实效，承诺持续[①]。

河北省普通高等学校体育教师继续教育的主要途径有五种：单科进修、骨干教师进修、同等学力硕士、高级进修、在职教育，大部分教师选择 1~2 年继续教育[②]。

关于在职培训与继续教育，学者张细谦、臧连明进行了深入研究。张细谦认为继续教育是学校体育发展的必然选择，在继续教育中，要重视课程体系的构建、教育模式的选择与运用，以及教学实践的组织与实施等问题[③]。臧连明提出高校体

① 余卫平，刘雪勇．从美俄继续教育现状探讨我国体育教师继续教育模式[J]. 体育学刊，2000 (5)：123-125.

② 张萍萍．河北省普通高校体育教师继续教育现状调查与培训体系构建[D]. 石家庄：河北师范大学，2008.

③ 张细谦．试论体育教师继续教育的产生与发展[J]. 体育与科学，2000 (2)：53-56.

育教师继续教育的主要内容有：加强政治理论教育；加强现代教育理论教育；加强跨学科的理论知识教育；加强科学研究实践活动教育。

关于在职培训和继续教育的问题及其解决方案的研究已经引起了许多学者的关注。董翠香总结过去50年中国体育教师培训的历史，认为其缺陷是培训体系落后、忽视质量、忽视师德和能力培训、忽视学科教学、忽视通识教育①。普通高校体育教师的继续教育，特别是出国进修，教师作为培训的主要受益者应分担费用，国家和学校仍是培训经费的主要支付渠道，逐步建立由政府、学校和个人共同承担的培训经费体系②。刘兴认为影响体育院校教师进步的主要原因是资金不足，教学工作繁重，"软"投资缺乏制度约束③。

#### 2.2.2.2 绩效考核与评价

绩效考核又叫绩效评价或人事评估。由于现行的高校人事制度改革，推行全员聘用制，打破了岗位终身制，因此，对高校来说，绩效考评显得尤为重要。科学、合理的评估指标能够激发教师在工作中的积极性和自觉性。同时，他们也对高校教师的专业发展起到了重要的推动作用，推动了他们朝着绩效考核的方向发展。绩效评估的结果被广泛应用于工作评估、工资审批、奖金确定、职位提升、职位调动、工作终止、教师发展和工作改善等方面。

南京理工大学是中国首家实行教师聘任制度的学校。体育部门已组建了一支评审团，对每一位教师进行年终考核。这一评估包含三个方面：表现、道德和社会公益。工作考核包括本科教学、科研论文、课外体育等；思想方面，包括有过严重教学事故、有过师德问题、擅自承担课外工作、影响恶劣、不服从组织安排等。结果显示：该岗位聘任制实行"公开、公平、公正"的原则，体育师资队伍的工作态度以及角色也会随之发生改变，他们的教学质量、竞赛成绩、科研质量都会有所提升，而且还会使分配体系更具科学性和合理性④。洪晖在2009年发表的博士学位论文中也提出了 GG大学业绩评价存在的问题，评价目标模糊，评价

① 董翠香．新中国50年体育师资队伍培养回顾与展望[J]．北京体育大学学报，2000（3）：319–320．

② 刘荣山．我国高校教师培训国际化的对策思考[J]．科技进步与对策，2003，20（16）：34–35．

③ 刘兴．对我国体育院校术科教师在职教育的研究[J]．沈阳体育学院学报，2004（1）：13–16．

④ 王锐，王宗平．南京理工大学实施体育教师岗位聘任制管理模式的实践研究[J]．山东体育学院学报，2005（1）：81–83．

指标缺乏针对性[①]。针对 GG 大学的现状，建立了一套科学、有效、公正的评价系统，并以此为依据，对高校教师的综合素质进行评价。

章莺、金一平等提出了学校体育教师综合能力评价指标体系和权重[②]。其权重和指标包括以下几项：思想品德（0.1），包括为人师表、教书育人、工作责任心、完成任务四个二级指标；教学训练裁判（0.4），包括训练水平、教学能力、裁判等级三个二级指标；体育科研（0.25），包括省级以下期刊、省级期刊、核心期刊、国家级核心期刊四个二级指标；学历资历（0.2），包括研究生、本科生、专科生、工作年限四个二级指标；相关学科等级考（0.05），包括计算机、外语两个二级指标。

#### 2.2.2.3 激励机制

国内学者对高校体育教师激励机制的研究主要集中在激励原则、激励手段、激励问题及其解决方案等方面。罗青琴提出了构建高校教师激励机制的原则：人文关怀原则、实事求是原则、精神与物质激励相结合原则等。梁建锋提出了高校体育教师激励制度建设的全面性、普遍性、可行性和动态性原则。激励措施主要包括职位评估、晋升、工资和奖励。学者们进一步研究了激励问题及其解决方案，并根据实际问题提出了实用的方法和策略。罗青琴在调查研究了福建高校体育教师激励制度存在的问题后，从三个支点（个人因素、学校体育目标和激励因素的整合）和三个渠道（作为理念的信息交流、分配制度和约束制度）对激励制度进行了深入研究[③]。罗文研究了北京市非体育类高等院校体育教师的激励机制，认为体育教师对学校激励制度不满意，绩效评价不全面，缺乏排他性机制，体育教师自主性差、地位不高；同样职称的其他学科教师比体育教师更容易申请研究项目和发表学术研究成果，比体育教师更快得到晋升，比体育教师有更充足的研究经费[④]。朱建国提出通过建立评价与招聘相结合的动态管理制度，创新高校体育教师的激励机制[⑤]。郭发明提出通过完善工资福利的激励机制和给予体育教师充分的自

① 洪晖 .GG 大学体育教师绩效考核体系设计[D]. 广州：华南理工大学，2009.

② 章莺，金一平，赵迪芳 . 体育教师综合能力的量化评价[J]. 体育学刊，2002（1）：58—60.

③ 罗青琴 . 福建高校体育教师激励机制的研究[D]. 福州：福建师范大学，2006.

④ 罗文 . 北京市高等院校体育教师激励机制研究[D]. 北京：北京体育大学，2016.

⑤ 朱建国 . 我国普通高校体育教师的工作满意度调查研究[J]. 体育与科学，2011，32（5）：111—115.

主权来提高体育教师的激励效果，以构建高校体育教师的激励机制[①]。梁建锋提出要加强激励主体的建设，构建完善的制度保障[②]。王星建议，学校应从职业发展激励、环境激励和薪酬激励等方面实施综合激励，提高教师的工作积极性[③]。

#### 2.2.2.4 学校制度

学校制度在所有领域的职业发展中都很重要。马力认为员工的职业发展归根结底是通过晋升、教育、奖惩、考核等管理制度来保障的。没有学校的体制，企业的各种工作是难以进行的，而建立起合理的制度，并有效地贯彻落实，才能使职工的职业得到发展。学者李太认为组织管理制度是影响人员职业发展的重要因素。还有一些学者对管理体系和职业满意度相结合的方法进行了探讨，结果表明，管理体系的合理与否直接关系到员工的工作满意度。合理的管理体系是提升员工工作满意度的关键[④]。因此，无论哪种类型的工作，制度都是职业发展的一个重要影响因素。

学校制度是高校体育教师发展的一个软环境，健全的学校制度是体育教师职业发展的重要保证。同时，学校制度的发展也应该对教师的发展起到积极的推动作用，把精神和物质两方面的激励相结合，从而推动教师的职业发展。高校师资培养是在一定的制度背景下进行的，而制度环境是影响高校师资培养的关键因素[⑤]。林杰制定了“高校现行制度”评价表，吴艳茹设计了一个机构评价表，对参与大学发展的机构进行更全面的研究。一些学者提出了高等教育师资培训之外的具体制度保障，如学术休假制度、教师聘任制度、教师流动制度和教师评价制度[⑥]。一些学者认为，大学的教学、科研、奖励、职务晋升、评优表彰和收入分配等政策和制度对教师的快速发展具有实际意义。有学者提出，学校应该支持教师

① 郭发明．场域理论视角下的高校体育教师激励机制构建[J]．南京邮电大学学报（社会科学版），2011，13（2）：121－124．

② 梁建锋．高校体育教师激励机制研究[J]．长江大学学报（社会科学版），2012，35（10）：154－156．

③ 王星．北京体育大学教师激励机制构建[D]．北京：北京体育大学，2011．

④ 龚继红，钟涨宝．制度效率、职业满意度与职业忠诚关系的实证分析：基于湖北省10县（市、区）基层农技人员的调查[J]．中国农村观察，2014（4）：71－83．

⑤ 张蓓．高校青年教师创新活力影响因素实证分析——基于广东33所高校的调查数据[J]．教育发展研究，2014，34（3）：14－21．

⑥ 林杰，李玲．美国大学教师发展的三种理论模型[J]．现代大学教育，2007（1）：62－66．

继续深造，提供财政补贴、培训、赞助，制订留学政策、推行学生假期等。而另一些学者则将注意力集中在那些对高校教师专业发展产生重要影响的组织上。吴庆华研究了三个方面，即大学教师管理制度改革、大学教师培训政策，以及各类人才支持与激励政策。部分学者对高校教师的制度满意度进行了研究，并对其进行了问卷调查。有学者对有关地方大学青年教师发展的制度进行了研究，得出结论："教师培训制度、教师评价制度、激励制度、工资分配制度和福利制度"对教师工作满意度有较大影响①。目前高校的制度安排（教学、研究和人事）对教师的工作满意度有直接影响，从而影响到大学的教学和研究质量②。有些研究也将注意力集中在激励制度上，把其看作福利、晋升机会、加薪和情绪上的说服。总之，尽管高校教育体系多种多样，存在许多与高校教师专业发展有关的制度，但却缺少对高校体育师资的专门研究。

综上所述，不难看出，国内外关于教师职业发展与体制演进的研究成果颇丰，对其发展阶段的界定也较为清晰。研究发现，在职培训与持续教育有助于教师的知识更新与成长，而绩效评估则是对教师工作的评估，提升了教学效能，而激励机制则是激发其潜力的有效机制。但是，对高校体育师资队伍建设以及体育教师的未来职业发展的研究成果并不理想，直到 2014 年，学术界才开始关注到这一问题。研究主要集中在教育背景、年龄结构、工作结构、薪酬、科研等方面，有关体制的研究比较少，具有代表性的结论更是寥寥无几。另外，对高校的研究主要集中在某个层面上，缺少全面、全方位、深入的剖析。目前的研究状况有很多种解释，但是很少有深入的研究；研究手段单一，缺乏理论的运用；团队数量少，代表程度低；对体育行业特征的关注程度不高，与其他方面相比不够突出；没有充分地阐释国家政策，没有深入地剖析体制，缺乏一定的学科对比性，制度解析也不够细微。尤其是针对高校体育教师职业未来发展方向的研究更是少之又少，正是在这样的情形下，针对高校体育教师职业未来发展方向展开深入透彻的研究非常重要。

---

① 叶怀凡．绩效工资制度对教师工作满意度的影响及实施策略[J]．当代教育论坛，2013（3）：36–39．

② 吴庆华．地方高校青年教师发展研究[D]．武汉：华中科技大学，2013．

# 3　我国职前体育教师教育制度演变历程

以我国历史阶段的划分为依托，根据不同历史阶段职前体育教师教育的主要目标和特征，以职前体育教师教育领域的重大事件为分期节点，将国家层面的职前体育教师教育制度分为6个阶段。第1阶段（1904—1911年）：清朝末年体育教师师范教育制度初步建立；第2阶段（1912—1949年）：民国时期体育教师师范教育制度的模仿与借鉴；第3阶段（1949—1965年）：中华人民共和国成立后体育教师师范教育制度的依附与改造；第4阶段（1966—1976年）："文革"后停滞期；第5阶段（1977—2001年）：改革开放后体育教师师范教育制度的有序发展；第6阶段（2001年至今）：基础教育课程改后体育教师教育制度的改革与探索。主要制度措施及内容见表3–1。

**表3–1　我国职前体育教师教育制度演变历程**

| 阶段 | 初步建立 | 模仿与借鉴 | 依附与改造 | 动乱停滞 | 有序发展 | 改革与探索 |
|---|---|---|---|---|---|---|
| **价值取向** | 社会本位 | 社会本位、学科本位 | 社会本位、学科本位 | 政治挂帅 | 人的全面发展 | 人本主义 |
| **体育教育指导思想** | 军国民思想 | 实用主义、自然主义、中国传统武术思想 | 三基教育思想 | 唯生物体育观、军事教育指导思想 | 终身体育、全面发展、素质教育等教育思想 | 健康第一、立德树人指导思想 |
| **体育教师培养目标** | 体操教员 | 综合素质 | 运动技能取向 |  | 一专多能、多能一专 | 复合型人才 |
| **主要事件或内容** | 体育师范教育制度初步确立 | 体育教育专业正式获得制度性支持 | 社会主义高等体育专业教育制度体系形成 | 严重破坏、发展无序 | 体育教师培养趋向专门化 | 第一次提出教师教育内容 |
| **主要制度措施** | 《奏定学堂章程》 | 《南京高等师范学校体育专修科各学科教授大纲》 | 《关于1957年学校体育工作的几点意见》 |  | 《中共中央关于教育体制改革的决定》 | 2003年《全国普通高等学校体育教育本科专业课程方案》 |

## 3.1 初始期（1904—1911年）

1904年《奏定学堂章程》的颁布是中国近代教育的开端，标志着体育师范教育培养制度的产生。1906年的《学部奏请宣示教育宗旨折》中明确提出："凡中小学堂各种教科书，必寓军国民主义""体操一科，幼稚者以游戏发育其身体，稍长则以兵式体操严整其纪律。"随着"体操科"的确立以及学校体育的兴起，体育师资培养成为现实需要。1906年，清政府学部颁布的《通令各省扩大师范生名额电》中，要求各省在省城师范学堂中设置五个月毕业之体操专修科，培养体操教员。随即，一些以培养体操教师为主的短期体操专修科相继建立，如大通师范学堂（1905年）、中国体操学校（1907年）、中国女子体操学校（1908年）、重庆体育学堂（1908年）等。课程内容以日本师范学堂体育专业课程设置为蓝图，主要有教育学、体育学、解剖学、生理学、普通体操和兵式体操等。总体而言，在当时军国民思想的指导下，体育师范教育内容带有强烈的军事化色彩，以术科知识为主，而学科知识欠缺。正如留日归国学者程登科在《改善全国私立体育学校之管见》一文中所言，"这样徒重术科，轻视学理，直等江湖卖技之流，一量出而作教……安能望其能够对学校及社会有所贡献之欤？"可见，当时的体育师范教育制度尚未成熟，仅处于萌芽阶段。

## 3.2 模仿与借鉴期（1912—1949年）

1912年，中华民国临时政府颁布了"壬子学制"，将"学堂"改为"学校"，学制有所缩短，但办学模式仍是模仿日本。中国正规体育师资培养始于1917年北京高等师范学校设立体育专修科。

1923年，北洋军阀政府教育部公布《新学制课程标准纲要》，该纲要根据"壬戌学制"制定，正式将学校"体操科"改为"体育科"，证明体育教育专业已获得制度性支持。它的颁布标志着中国自清末时期开始的学习"日式新教育""德式新教育"阶段的结束，以及学习"美式教育"阶段的开始。"壬戌学制"以杜威的实用主义为指导思想，顺应"儿童爱好活动的本性"，使体育教学内容呈现多样化，废除了兵操，主要开展田径、球类、游戏等活动。在此时期，一批专门的体育师资培养学校和师范类学校体育科系逐步建立，据不完全统计，其数量达90余所，包括4年制体育系、5年制体育专修科，同时针对初中毕业生添设了5年制体育师范专科学校。

1932年公布的《国民体育实施方案》中，对体育师资训练有了明确的层次性要求，文件中规定专科以上学校及高中教师、体育行政人员和体育指导员，由国立体育学院及公立或已立案之私立大学酌设体育学院训练之；初中及小学师资，由省市立或已立案之私立高中师范或师范学校之体育科与体育专科学校及体育师范学校训练之。教授的课程包括生物学科，占全部课程的19%；教育学科，占全部课程的15%；体育理论，占全部课程的20%；术科，占全部课程的21%；文化学科及选材，占全部课程的25%。由于当时管理制度不成熟，学制长短、课程设置不尽相同，比如当时国立中央大学体育系课程内容主要包括语文、英文等普通基础课，教育概论、教育心理学等教育课程，解剖学、生理学、体育专业课程、民众体育等专选课程。为了统一各校教学内容，国民党政府教育部于1934年3月公布了《师范学校体育科教学科目及各学期每周教学时表》，1942年公布了《修正体育师范学校教学科目》，第二年又公布了《师范学校及简易师范学校体育课程标准》，对每学年的学科、术科时间提出了严格要求。课程设置着重于教材教法，使每个体育师范生均具有担任体育教员的能力。1946年10月，规定体育师范科之主要科目为国文、解剖生理、教育概论、体育教材及教学法、教育原理、体育行政、体育测验及统计共7科，通令各省市教育厅局遵照实施。

总体而言，民国时期的体育师范教育制度实现了从单纯移植国外模式到与中国实际相结合的转变，逐步根据自己的实际需要形成一整套完善的体育师范教育制度体系。无论是在课程内容还是在中小学、幼儿园体育师资要求上均进一步优化，有一定中国特点的近代体育师范教育制度得以确立。

## 3.3 依附与改造期（1949—1965年）

自中华人民共和国成立以后，社会面貌大有改变，国家更加注重教育改革和发展。在体育方面，新民主主义青年团中央书记冯文彬表示：“在新的体育发展政策当中，更多提倡的是发展新民主主义。”换言之，就是要把体育运动与建设新民主主义紧密结合，坚决不提倡为了体育而体育，不提倡脱离实际、脱离群众真实想法的体育教学活动。要倡导集体主义精神，坚决杜绝崇尚个人主义精神，杜绝一切自私自利的行为和思想。中华人民共和国成立后的三年内，我国的首要任务就是尽快地实现国家的平稳发展。在经济、文化、教育方面，我们的首要任务是继承和发展解放区的经验，有针对性地接受和改革旧制度，树立新的发展目标，为新的社会主义新时期打下坚实的基础。因此，这一阶段的体育师资培训仍是沿用新中国成立前的教学模式，只是针对体育教师的基本素质提出了一些基本要求，比如在思想层面要求每个体育教师要有较高的爱党觉悟，对于教师的其他方面的条件要求并没有太大的改变。

在经历了1949—1952年三年的过渡时期后，我国的体育教育体系逐步趋于平稳。1952年，体育界发起了一场针对资产阶级的激烈的批判，1922年以后逐步发展起来的“实用主义”“自然主义”等体育理念遭到了强烈的抨击，基本放弃了以往的体育教学理念，转向了对苏联的全面吸收。苏联的体育教育主要集中在师资、教材、课程设置等方面，因此，在此思想的指引下，中国的体育师资队伍逐渐走上了“体育特长化”的道路，最明显的例子是1952年华东体育学院（上海体育学院）的建立，也是中国历史上首家体育院校。到1954年，我国共有6所专门学校建立。在这一时期，中国的体育师资已从新中国成立初期的综合性高校到专科学校的培养模式，开始了中国体育教育的“全面学苏”的二次转向。苏联对我国体育师资的影响是不容忽视的，在此期间，我国的中小学体育教师队伍不断扩大，据统计，人数突破了24879名；从中华人民共和国成立以来，一直到1956年，我国的体育教师共计新增了14430名。在我国体育事业发展的这一阶段内，鉴于我国不断效仿苏联的体育教学模式，所以针对体育教师提出的教学能力要求主要倾向于专业技术方面的要求，同时还要求体育教师要积极主动地转变自己的思维和观念，要求每个体育教师不能盲目崇拜美国体育教学观念。

从中华人民共和国成立到1956年，社会主义生产发展全面实现了公有化，在此期间，国家的建设中心也发生了较大改变，全面转向社会主义发展建设层面。然而，从1957年开始经历的大范围自然灾害事件，以及中苏两国关系的恶化，都使我国的社会生活陷入了巨大的困境。但1960年“调整、巩固、充实、提高”八字方针的提出，逐步把学校的运动引上了轨道。到了1963年，不但出现了更多的综合院校，而且专门的体育院校也被调整为10所。在此过程中，由于学校体制的改变，大学以运动项目为单位，注重技术而忽视基础理论，对体育教师的素质提出了较高的要求。同时，由于此时所培养的体育师资还不能适应学校发展的需要，政府决定从社会上选拔一批有运动技能的教师，并在退役士兵和社会青年中招募一批身体素质较好、有运动技能的学生，进行短期培训。从上述情况可以看出，在此阶段，对体育教师的素质要求是以运动技术为主，着重于专业知识、技能的培养和熟练，并且这种趋势较1956年以前更为突出。

中华人民共和国成立初期，我国学校体育以苏联“劳卫制”为核心，开始全面向苏联学习，即依附发展期。体育教师培养目标以“运动技能”为取向。此时，体育师范教育制度改革主要体现在两个方面：一是独立建制的单科性体育学院初步建立，以及“院—系—专业”三级体制建立。1952年11月8日，第一所独立建制的单科性体育学院——华东体育学院在上海成立，1956年改为上海体育学院，这意味着第一个高校体育教育专业得以设立。二是以“体育专业设置”为中心的教学改革，体育教学制度体系的初步形成，包括体育教育专业培养方案的制订、教科书的修订。1957年，国家体委根据本国实际情况，着手制定生理学、解剖学、体操、田径、球类等18门体育课程教学大纲。1961年，国家体委组织各直属体育院校编写田径、武术等18门课程教材，这是中国高等体育院校独立编写的第一批教材，并以此展开教学活动，构成社会主义教学制度体系。与此同时，随着基础教育的发展，中学体育教师出现供不应求的局面。1959年8月29日，教育部联合国家体委下发了《关于培养中等学校体育师资工作的意见》，明确提出中小学体育师资培训任务的要求，北京师范大学体育系等综合性大学和师范院校体育系相继创建与恢复。至此，新中国高等体育院校和综合性（师范）大学体育系构成的双轨制体育教育专业人才培养结构框架基本形成。1963年，教育部颁发《体育专业专业计划草案》，有“中国特色”的体育师范教育制度初步显现。

## 3.4 停滞期（1966—1976 年）

“文化大革命”在 1966 年爆发。这场长达十年的动荡，给党、国家、人民造成了极大的伤害和损失。

在这一时期，我国的体育事业面临着沉重的冲击，各种体育活动陷于停顿，一些优秀的运动员和教练员遭受了严重的迫害。20 世纪 70 年代以后，我国的竞技运动得到了一定的发展，并以“乒乓外交”的形式出现，促进了中美关系的发展，开创了我国对外关系的新局面。

“文化大革命”对我国的教师队伍建设、师资培训造成了很大的冲击。1966 年，由于“文化大革命”，高师招生被打断了 4 年，中学的招生工作被打断了 6 年，教师的教育体制也受到了严重的破坏。

“文化大革命”爆发前，全国共有 10 所高校和 17 所高等师范院校为体育教师提供了培训。但“文化大革命”爆发后，这些专门训练体育教师的高校纷纷解散、合并，6 年内不再招收学生，导致了师资队伍的断档，使得师资短缺问题进一步恶化。

总体而言，1966—1976 年这十年，我国体育师范教育陷入了停滞状态，一些体育院系被迫合并和撤销，高等体育院校停止招生 4 年，中专停止招生 5 年。这一阶段，高等体育师范教育事业强调要绝对地服务于国家政治需要，政治取向遮蔽了学科价值和人文价值。体育教育也出现了“以劳代体”“以军代体”的局面，违背了体育教育发展规律。

## 3.5 有序发展期（1977—2001 年）

1976 年底，“文化大革命”已告终结，十年浩劫之后，我国的社会主义建设面临着全面的复兴。在政治思想上，邓小平领导全国人民就“两个凡是”、“左”倾思想等问题展开了一场关于“实践是检验真理的唯一标准”的大讨论。在 1978 年中共十一届三中全会上，大会对此给予了很高的评价，确立了一条实事求是的思想路线，并对错误思想和路线进行了纠正。在经济建设上，十一届三中全会把经济建设作为全国工作的中心，经济体制的改革、经济特区的建立、家庭经济的发展和市场经济的确立，既确保了“五年计划”的目标，又为国民经济的发展打开了新的途径。经过整顿和发展，政治经济发展秩序得到了恢复，并推动了文化、教育和其他方面的发展。

1977 年，全国重新实行高考，同时在这一年的全国教育工作会议上，明确地确立了教育十年的发展目标。然而，“文化大革命”对各级各类学校造成了严重的影响，如师资短缺、师资素质下降，阻碍了国民素质的提高。面对这种情况，国家出台了一系列的政策和措施，在政府及有关部门的大力扶持与指导下，促使我国的教育事业迅速发展。

自 20 世纪中叶以来，我国义务教育基本实现了全民教育的目标，教育的改革与发展逐渐形成，《中华人民共和国教师法》等有关法律法规的出台和执行，保证了教师的教育质量。另外，从运动的角度来看，20 世纪 80 年代初重返国际赛场的中国，迫切希望能够在世界范围内展示自己的力量，所以提高竞技运动水平是一个很有意义的问题。体育教育优先发展的战略要求，使得高校体育教师的培养更加注重体育技术的发展。1995 年，国家出台了《全民健身计划纲要》和《中华人民共和国体育法》。在此背景下，体育教师过度偏爱运动技术的特点逐渐淡化。这一时期要尽快地恢复和重建学校的体育工作，加强学生的身体素质。在此期间，我国的体育教师教育逐渐走向规范化、制度化。

1978 年改革开放以来，体育教育指导思想从唯生物观体育指导思想向全面发展的素质教育指导思想转变。国家先后出台了 1978 年的《关于加强学校体育卫生工作的通知》，1986 年的《关于加强中小学体育师资队伍建设的意见》，1986 年的《高校体育专业教学计划试点改革方案》等通知，提出小学、初中、高中体育师范体育都要把体育师资队伍建设当成一项刻不容缓的任务，重点关注师资数量的增加和学历结构的改变。其中，作为对师范教育在内的中国教育改革与发展影响最为深远的政策文件，《中共中央关于教育体制改革的决定》（1985 年）明确提出“师范院校要坚持为初等和中等教育服务的办学思想，只有具备合格学历或有考核合格证书的，才能担任中小学教师”。随后我国于 1980 年、1986 年、1991 年、1997 年先后颁布了 4 套《体育教育本科专业课程方案》（过去称为教学计划），在每套课程方案颁布背后，教育部相继出台了相应的《普通高等学校体育教育本科专业各类主干课程教学指导纲要》(过去称为基本要求)。这一阶段，体育教师师范教育制度得到不断完善，但暴露出了教育类课程比重过低的问题。

## 3.6 改革与探索期(2001年至今)

2001年5月29日,《国务院关于基础教育改革与发展的决定》文件中第一次以“教师教育”取代“师范教育”概念，随着《中小学体育与健康课程标准》(实验稿)的颁布，基础性体育与健康课程改革带动了体育教师教育改革，即“体育教师专业化”。虽然基础教育课程改革如火如荼地进行着，但作为培养体育师资力量的高校相关体育教育专业却一直延续着一贯的体育人才培养模式。国家虽然相继颁布了《教师教育课程标准》《教师专业标准》《全国普通高等学校体育教育本科专业课程方案》等一系列文件推动体育教师教育的发展，一定程度上解决了体育教师数量的问题，但质的问题开始凸显。特别是随着2011年教育部教师资格考试制度的颁布，倒逼体育教育专业的改革，新时期的职前体育教师教育制度改革在时代环境变化面前明显动力不足。

其一，现存的体育教师教育制度难以适应时代需求。这主要体现在两方面：一方面，体育教育专业人才的培养难以适应基础教育课程改革的师资需求。作为一名体育教师，首先需要熟悉身体练习的生理与心理机制、精通身体练习的具体方法、掌握教授身体练习知识的教育方法。然而体育教育专业的理论课和技术课，都在传授术科知识和技能，忽视了对学生“教”的能力的培养。另一方面，对教师教育改革大环境的适应。国家虽然颁布了《教师教育标准》和《教师教育课程标准》等文件，但缺乏针对体育行业的体育教师专业标准、定期认证的体育教师资格标准、体育教师教育课程标准、体育教育专业学生运动技能标准等。此外，随着“健康中国”以及“全民健身”战略的提出，体育教师的健康管理能力明显欠缺，这也折射出体育教育专业培养方案中课程设置存在的问题。

其二，制度“专业性”引领不够突出。体育教育专业的培养目标是培养更加专业化的体育教师，然而当前体育教师教育制度难以形成有效的学科引领。在“宽口径、广适应”的人才培养目标引领下，体育学科下的体育教育专业、运动训练专业、社会体育指导与管理专业等，虽然有各自的人才培养定位，但存在一定的同质性。现行《体育教育本科专业课程方案》的关注点明显从“体育教师行业”转移到整个“体育行业领域”，其专业意蕴被弱化。

其三，制度“操作层次性”有待加强。一方面，随着综合类大学加入体育师资培养的行列，体育教育专业人才培养模式和课程设置有待清晰。所以，三级课程管理体制下体育院校、师范院校、综合性大学职前体育教师教育制度应该呈现出分类发展的特点。另一方面，大中小学及学前体育教师的教学内容是不一样的，这就要求针对大中小学以及学前体育教师教育设定不同层次的要求。

总之，进入 21 世纪以来，随着基础教育课程改革以及教师专业化的提出，职前体育教师教育制度的问题凸显。

# 4　我国职前体育教师教育制度的演变特征

## 4.1　演变路径：移植模仿—学习借鉴—自主创新

综观我国 100 多年来职前体育教师教育制度的演变历程，横向上受到同时代先进国家的影响，纵向上受到我国传统及自身条件的制约，在依附借鉴与自主创新中艰难发展。从图 4–1 中可以看出，1904 年《奏定学堂章程》的颁布标志着我国职前体育教师教育制度初步确立，“效日”阶段开始；1922 年“壬卯学制”颁布，标志体育教育正式获得制度性支持，“仿美”阶段开始；1949 年后的中华人民共和国全面学习苏联，前期的制度演变路径呈现出明显的移植模仿痕迹。1976 年“文革”之后，我国体育教师教育的依附性特征逐步得到改变，由单纯的借鉴苏联模式到广泛学习先进国家的教育经验进行自主创新，国家相继颁布了《体育教育专业课程指导方案》等一系列文件，在继承和发展的基础上探索性地进行体育教师教育改革，体育教师教育制度设计中的“中国特色”逐步显现。制度移植对早期中国体育教师教育的发展起到了促进作用，但也暴露出诸多弊端，由于眼光向外寻找发展路径，容易忽视自身传统文化的特色。不可否认，我国职前体育教师教育发展仍然处于经验化探索阶段，发达国家职前体育教师教育制度体系为我们提供了良好的借鉴，但如何在本土化的基础上，完善我国职前体育教师教育制度仍是现实之需。

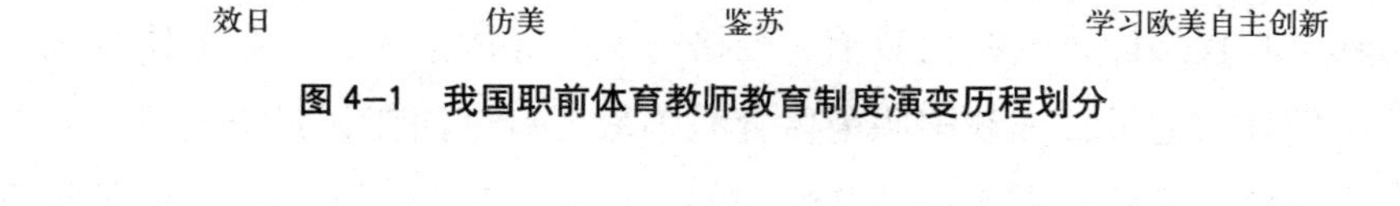


**图 4–1　我国职前体育教师教育制度演变历程划分**

## 4.2 演变价值趋向：工具本位逐步向教师本位过渡

教育制度演变最终表现为教育思想、价值取向的发展以及教育政策法规的颁布。从哲学视角综观我国职前体育教师教育制度演变历程，其价值取向演变可谓由工具本位向教师本位过渡。工具本位强调思想、概念、理论等不过是人们为了达到某种目的而设计的工具，目的是服务于国家经济建设、社会发展；而教师本位充分尊重和遵循体育教师教育自身发展规律。透过对政策文本的分析，从体育教师教育的培养目标可以看出这一价值取向的移行。我国体育教师培养目标经历了《奏定学堂章程》年代的“兵式体操”师资培养目标，中华人民共和国成立后强身救国思想下的“运动技能取向”培养目标。最后，随着《教育部关于“十五”期间教师教育改革与发展的意见》的颁布，开始注重教师的“教育教学能力”，完成了“师范教育”到“教师教育”的转变，以教师本位为主的价值取向在政策文本中开始凸显。

可以说，前期的职前体育教师教育制度政治色彩浓厚，望通过“体育勇士”的培养来宣传自己的思想和力量，体育教师教育作为“强身救国”“民族复兴”的工具应运而生。其弊端主要体现于被政府权力左右，对教师人本需求关照不足。当然，工具本位和教师本位的两种价值取向是相对而言的，在工具本位为主导的价值取向引领下，职前体育教师教育制度的颁布与实施主要满足于社会需求和学科的发展，但在一定程度上也会促进体育教师自身的发展。而教师本位同样具备促进社会发展的附属价值，但其主要价值是促进体育教师自身的发展。

## 4.3 演变外部动力：政治、教师教育和学校体育改革

探寻职前体育教师教育制度演变脉络仅仅让我们“知其然”，但如果想进一步了解职前体育教师教育制度演变逻辑和规律，还需“知其所以然”。任何制度演变均具有时代烙印，受社会政治、经济、文化等因素制约，职前体育教师教育制度也不例外。通过梳理我国职前体育教师教育制度演变百年历史可以发现，社会政治、教育、学校体育变革是其演变的主要外部动力。职前体育教师教育制度

改革不可能超越特定的政治范畴，国家的政治利益追求是体育教师教育改革的原动力。我国职前体育教师教育制度演变呈现出一种应急性选择，应急性选择指的是为应对社会某一时期对体育教师教育发展要求所进行的选择，具有很强的社会背景。无论是军国民思想下的“体操”师资教育，还是中华人民共和国成立后，由于以苏联和美国为首的社会主义和资本主义两大阵营的形成，新生的社会主义国家——中国不得不偏向苏联的教育模式进行改革，政府的强控制力在强制性制度形态中具有深刻体现。政府的强控制力多体现国家的意志，对其他利益需求考虑较少，其弊端体现于变迁路径并非自身教育发展规律所致，缺乏连贯性。

同时，职前体育教师教育制度改革依附于学校体育制度和教师教育制度改革。一些教师教育政策性文件推动了职前体育教师教育的改革，包括《中华人民共和国教师法》《中华人民共和国教师资格条例》等，这些文件的颁布均为职前体育教师教育制度转向与重构奠定了法律、法规基础。此外，职前体育教师教育制度改革以学校体育制度变化为主线，但具有滞后性。体育教育思想对我国职前体育教师教育制度演变有直接引领作用，职前体育教师教育培养目标随着体育教育指导思想的变化而变化。1980 年、1986 年、1991 年、1997 年、2003 年我国先后颁布了 5 套体育教育专业课程指导方案（早期称为教学计划），每次课程方案的变革都起因于体育教育实践变化而导致对体育师资要求的变化，呈现出一种被动适应。

## 4.4 演变内在逻辑：按照自身的继承与发展规律适时调整和变革

高等教育的历史很多是由内部逻辑和外部压力的对抗谱写成的。百年职前体育教师教育制度演变史证明，虽然职前体育教师教育制度改革依附于上位系统教师教育制度、学校体育制度改革，但相对独立性仍然存在，具有自身逻辑演进规律，主要体现在以下几个方面。

第一，在社会环境变幻面前仍呈现出比较强的历史继承性。任何一个社会，无论采取什么改革方式或革命方式，都无法从自身起源和发展的传统中彻底剥离出来，实现完完全全的“脱胎换骨”。虽然职前体育教师教育制度的演变受到国家和社会因素的强制约性，但在社会性质变幻面前仍然形成自身独立的发展规律，具有明显的内部发展特征。比如，在1912—1949年的民国时期，职前体育教师教育制度在社会环境不断变幻的潮流面前，未被时代环境变革所阻断，反而获得蓬勃发展，呈现出相对独立性和历史继承性。

第二，体育教师培养目标定位处于不断进步中。通过梳理近百年来的体育教师培养目标可以发现，对体育教师的专业素质要求遵循“体操技术—综合素质—运动技能—复合型人才—体育教师专业化”的演进主线。虽然早期的体育教师专业素质要求呈现出“钟摆现象”，如从民国前注重体操技术到新中国成立后注重运动技能习得，但总体而言，对体育教师执教能力的要求体现出了时代进步意义。

第三，职前体育教师教育课程制度演变具有相对独立性。职前体育教师教育课程制度是指国家或实施体育教师培养的机构对体育教师培养课程结构、模式、类型和设置的规定，是体育教师教育制度的下位制度。我国体育教师教育课程制度除了在民国时期与清末相比发生较大变化外，其他时期在社会环境变化面前仍然呈现出较强的继承性和相对独立性，体育教材处于不断进步中。

## 4.5 演变核心：体育教师教育课程制度建设

课程制度是职前体育教师教育制度的核心。我国体育教师教育课程制度演变是呈现继承性的。从1904年开始的兵式体操课程，到1932年随着国民体育实施方案的颁布，课程内容趋向师范教育专业化，中华人民共和国成立后体育教师教育课程结构趋向完整，课程门类逐渐增加，课程内容逐步呈现多样化、综合化，且选修课的门数增加。

在学时的安排上，必修课学时明显下降，选修课学时逐步增加；学科学时在1960年之前呈现逐步下降趋势，1960年之后逐步上升；术科学时比例则与之相反，从1960年占总学时的58%，下降到1997年的33.6%，2003年进一步减少至历史最低。术科学时减少将会导致学生术科能力不足，体育教师专业能力弱化。

“钟摆现象”依然存在。体育教师教育课程制度演变的“钟摆现象”是指在职前体育教师教育制度改革或变迁的过程中，出现的对应课程理论、类型、形式和价值取向的两极摇摆和震荡。体育教师教育课程在术科教学内容中所占学时比重、选用教材的比重等均出现过钟摆现象，比如1963年体育教师教育课程内容特征有向1955年回归的倾向（见表4–1）。

表4–1 1903年以来，职前体育教师教育相关文件中课程内容变化情况一览

| 时间 | 文件名称 | 课程内容 |
|---|---|---|
| 1906年 | 《学部奏咨辑要》 | 授以体操、游戏、教育、生理、教授等法 |
| 1932年 | 《国民体育实施方案》 | 生物学科（19%）、教育学科（15%）、体育理论（20%）、术科（21%）、文化学科及选材（25%） |
| 1955年 | 《体育专业本科教学计划》 | 出现选修课（滑冰、游泳），学科（53%），术科（47%），其中专修术科（7.9%）。总学时为3472课时 |
| 1960年 | 《关于颁发体育学院和体育专科学校教育计划的通知》 | 与1955年相比，增加了武术课程，突出了专选课地位。学科（42%），术科（58%），其中专选课（24.7%）。选修课的内容不确定，根据各学校实际情况自定。总学时为3751课时 |
| 1963年 | 《体育专业专业计划草案》 | 课程特征上有向1955年教学计划回归的倾向，但选修课主要为学科课程。学科（46.6%，将选修计入学科），术科（53.4%），其中专选课（2.9%）。总学时为2627课时 |
| 1980年 | 《高等师范院校体育专业教学计划（试行草案）》 | 重视必修（88.4%），选修仅占11.6%。规定开设21门科目，增加了专业基础理论课程的门数，学科（47.09%）与术科（52.91%）的比例大致持平。总学时为3058课时 |
| 1986年 | 《高师体育专业教学计划试点院校改革方案》 | 增加实践环节，选修课时大幅增加。必修课占77.13%，选修课占16.25%，任意选修课占7.22%。学科（55.6%）比重超过术科（44.4%），选修课出现学科和术科细化分类，技术专选出现在选修术科中。总学时为2770课时 |

续 表4-1

| 时间 | 文件名称 | 课程内容 |
|---|---|---|
| 1991年 | 《普通高等学校本科体育教育教学计划》 | 分为公共必修（23.15%）、专业必修（53.64）、选修课(23.21%)，其中术科占总学时的37.9%。总学时为2994课时 |
| 1997年 | 《全国普通高等学校体育教育专业本科专业课程方案》 | 弹性和灵活性增强。主干课、一般必修、系列选修（术科）、系列选修（学科）、任意选修、专业课。必修课占73.0%，其中术科学时占33.6%。总学时为2930课时 |
| 2003年 | 《全国普通高等学校体育教育本科专业课程方案》 | 主干课程“领域”化，必修课程“学科”化，限选课程“模块”化，任选课程“小型”化。主干课（必修）、一般必修、专业方向选修课、任意选修课、实践环节。选修占32.3%。总学时为2600～2800课时 |

# 5　我国职前体育教师教育制度演变发展中存在的问题

我国自 1903 年开始制度化培养体育师资至今，体育教师的专业化发展经历了一个多世纪的演变，从体育院校的成立到体育专业的建设与发展，体育教育专业始终占据体育专业人才培养的第一位，为我国基础教育输送了大批的师资力量。但是在体育教师的专业化发展进程中，仍然发现了许多问题，例如，当前我国体育教师职前教育主要是为高校体育教育专业培养体育师资，具有很强的职业导向性，职业性已成为体育教师职前教育的重要目标，但是，高等教育的职业性也存在一些争议。具体到我国体育教师职前教育发展中存在的问题，主要表现在以下几个方面。

## 5.1　职前体育教师专业发展的情怀缺失

明确专业身份是任何一项职业走向专业化的前提。通过史料梳理可知，职前体育教师培养目标经历了“体操教员——专多能（一个专项多个辅项）—多能一专（多种能力服务一个岗位）—复合型人才”的演进链条。直到 2003 年，国家提出“厚基础、宽口径、广适应”的人才培养目标。此文件一经颁布，便引起了学者们的广泛质疑。有学者提出，现行《体育教育专业本科专业课程方案》的关注点从“体育教师行业”转移到整个“体育行业领域”，专业意蕴被弱化，导致学生就业率整体降低。在“宽口径、广适应”的人才培养目标的引领下，体育学科下的体育教育专业、运动训练专业、社会体育指导与管理等专业，虽然有各自的人才培养定位，但存在一定的同质性。众所周知，“一项职业越具有不可替代的职业性，它的社会地位越高”。体育教育专业由于专业特性缺失，导致专业化程度不高，人们对其职业特性认知不足。基于此，本书认为体育教育专业人才培养目标应该定位于“专业素质突出的复合型体育人才”。毕竟，体育教师是该专业就业的主要选择。复合型体育教师的培养既需要娴熟的运动技能和强健的体魄，又需要较强的教育教学技能和丰富的教学艺术性。因此，作为一名专业化体育教师，运动技能是立身之本不得有失，此外，还得熟悉身体练习的生理与心理机制、精通身体练习的具体方法、掌握教授身体练习知识的教育方法。

专业情怀是职前体育教师从事体育教育事业的内在动力和精神支撑，体育教师只有具备深厚的专业情怀，才能建立牢固的专业身份。黑箱理论告诉我们，只有有效地控制输入端和输出端，事物运行过程才能达到最优化。但事与愿违，职前体育教师的培养无论是在“输入端”，还是在“输出端”，均没有形成较强的专业信念。在输入端，随着高考生源的减少，体育教育专业学生的招生数量却在急剧增加，很多体育教育专业的学生并非真正喜欢体育，相当一部分学生“半路出家”，选择该专业，不过是为了获得进入大学的“敲门砖”而已。据调查，全国不少省份体育术科考试没能突出体育专业的特点，考试项目偏向对身体素质的考查，没有采用专业技能来衡量。一项对 2005—2007 届的 326 名体育教育专业本科生的追踪调查显示，有 64.24% 的本科生，在进入专业学习前，无体育专项训练经历。学生如果缺乏运动技术学习成功与失败的体验，自信心、职业效能感自然会欠缺。然而，“岁月”未必一定转化为情怀，经过高校四年的专业教育后，在学生就业时，专业情怀的缺失状况并未发生明显改变。有研究指出，当前中国体育教育专业的学生在毕业之后，真正从事体育教师职业的仅为 30% 左右，与该专业的培养目标相去甚远。为什么会出现如此大的反差呢？ 仔细分析可以发现，问题的根源之一在于职前体育教师缺乏对专业身份的认同。毕竟，学生的专业情感感知和专业认同倾向对专业学习行为具有显著性影响。在此情况下，出现学生消极对待学业、职业发展内生动力不足现象，也就在所难免了。

## 5.2 职前体育教师教育实践教学能力不足

“实践性”是体育课程的重要特点，“实践取向”是我国教师教育改革的主导理念之一。“实践教学能力不足”一直是职前体育教师教育有待解决的问题。长期以来，受技术中心教学论的影响，体育教师培养一直延续运动训练模式，缺乏教育教学能力培育。运动技术掌握能力并不代表实践教学能力。新时代，随着教师专业化的提出，国家教师资格考试制度的实施，学生的教学实践能力面临"全面的考查"。这就要求，专项体育教师既要掌握技术，又要掌握"如何教技术的教学方法"。反观国外体育教育专业课程设置，教学法、各运动项目教学与实习占有非常高的比例。国内对"教授身体练习知识的教育方法"的培养相对较为忽视，学生实习时间较短。体育教育专业所教课程与职前体育教师关联程度较低，无论是理论课还是技术课都在传授知识和技能，忽视了对学生"教"的能力的培养。即使到了实习阶段，对于运动负荷测量、运动处方制定能力依然欠缺。教师"如何教"的知识和能力不足，将会导致"体育教育科学化"之路难以形成，这也是学生喜欢体育而不喜欢体育课的原因之一。因此，职前体育教师的实践教学能力是经过长时间的专业训练和大量实践经验积累后生成的，具有不可替代性，具体体现在以下两个方面。

第一，课程设置不合理导致毕业生同质化。对某高校体育学院不同专业、年级课程表比较分析发现：①从大一、大二学年的课程内容来看，仍然是传统的几大项——田径、体操、球类、武术，缺乏一些新兴体育运动项目；②不同课程的编排缺乏系统性与科学性，人文社科类课程的选择没有根据，个别课程的安排有"因人设事"之嫌；③技术课相对集中，造成学生运动疲劳，影响课程学习效果；④必修课程较多而选修课程较少，缺乏灵活性；⑤培养方案只限于课程设置和课时安排，不同体育专业的课程设置缺乏专业性，体育教师教育与教师专业发展结合不紧密，常见的体育教育专业、社会体育专业与运动训练专业甚至民族传统体育专业的培养目标，虽然在表述上有差异，但实际课程设置差别不大，导致各专业实际培养毕业生同质化。现实中非体育教育专业的毕业生考取体育教师岗位的也大有人在。

第二，"运动技术中心论"导致教学碎片化。研究发现受"运动技术中心论"的影响，体育院系大部分学生对"在校学习与未来工作"之间的关联存在认知误区，片面认为"只要自己运动技能好，以后就能胜任体育教师工作"。然而，现实中"术科"却处境尴尬：一是学生对于运动技术技能单方面的重视，二是高校体育教育专业"术科"设置项目偏少而学分偏高。已有研究认为：国外术科比重较小，一般占20%～40%，但覆盖面大、门类多，如加拿大一学校体育系共有24

门术科，分为3个水平，1 级是以掌握技术为主，2级是以形成技能为主，3级是以掌握教学、教练为主。我国术科一般占 45%～61%，但覆盖面较小，这一现象至今未有改观，“术科”设置单一，单项学分比重过高，学生不需要修太多科目就可以修满学分，不利于学生学习了解更多“术科”项目，造成未来教学实践中在教学内容选择、项目设置等方面的矛盾。已有研究表明，学生“运动技能单一”“理论脱离实践”已成为体育教育专业学生的专业素养与基础教育不适应的主要表现。 学生之所以有这种“运动技术中心论”的意识存在，与其所接受“术科”教学模式不无关系。受传统教学模式影响，现有的技术课教学多为单一的运动技术传授，把结构化、关联性很强的运动项目分开进行教学，少有“术科”课程教学既教授学生运动技术，又教授学生“如何教运动技术”，以及如何通过游戏、比赛等情境教学，体验真正的“体育”，而不是孤立的运动技术传授。

## 5.3　职前教育与基础教育课程改革对接不足

新时代，体育教育专业人才培养矛盾已经由以追求数量为主的外延式发展向以追求质量为主的内涵式发展转变。如何培养更加专业化的体育教师，与基础教育改革有效对接，成为体育教师教育改革亟须解决的重要问题。体育教师的职前教育一方面滞后于当前快速发展的基础教育改革；另一方面与学校体育教学实际需求脱节，学生入职后需要接受再培训方能上岗的现象较为普遍。《普通高中体育与健康课程标准》中，对学生体育素养的培养目标提出了明确要求，体育教师不仅要具备教学技能，还要具备健康管理能力等。但是不少刚刚入职的体育教育专业学生对“新课标”精神一无所知，健康管理能力明显缺乏。许多体育教师缺乏体育健康干预方面的知识和技能，不足以胜任相关工作。因此，如何构建“健康中国”引领下的体育教育专业人才培养模式，在体育教学中将健康相关的概念知识、原理、策略和技巧应用到运动和表现中，有效对接基础教育，仍需进一步的探索。具体体现在以下三个方面。

第一，培养目标与岗位要求脱节。体育教育专业培养目标与实践脱节具体体现在以下两个方面：一是体育教育专业人才培养与学校对体育教育人才需求脱节，随着基础教育课程改革的深入，脱节现象越来越突出。已有研究表明：新课改对体育教师提出了新的发展要求，但体育教育专业人才培养没有依据体育教育人才的需要进行相应的改革，并且高等体育教育与基础体育教育缺乏有效的交流机制，是人才培养与实际需求脱节的主要原因。二是体育教育专业人才培养目标与用人单位实际岗位要求脱节。以部分高等体育院校和教育部直属师范大学为例，对其体育教育专业人才培养目标的相关信息进行检索后发现，各高校对于体育教育专业的人才培养目标定位不一致，将其分别描述为“高级专门人才”“中等以上专业人才”“应用性体育人才”“中等学校体育师资”“复合型人才”“培养中、高等学校体育师资”等。然而，近些年体育教育专业本科毕业生的就业去向表明，体育教师岗位仍然是主要的就业方向。目前大多数的高等院校招聘体育教师多只招收博士，而且要求第一学历、第一专业和知名导师……由此可见，体育教育专业本科人才培养目标已经与用人单位实际岗位要求脱节。

第二，教材内容陈旧，课时分配不合理。目前，体育教育专业教育类的核心课程主要由《学校体育学》和《体育教学论》这两门课程支撑，但两门课程的相关章节内容雷同，实践教材部分又根据体育项目分设，可操作性较差。在课时分配上，任课教师在学校体育的“历史”“价值”“目的”“任务”等基本理论教学内容上用时过多，与当前体育与健康课程改革密切相关的内容少之又少。体育教育专业学生所学习的课程与基础教育体育及健康课程改革实践脱节，缺乏实用性，大部分学生不了解《体育与健康课程标准》，甚至一部分任课教师也不了解（所以也不可能讲授）。一些学校的教材陈旧、教学课时分配不合理，体育教师的职前教育已经严重滞后于当前快速发展的基础教育体育与健康课程改革实践，因而学生入职后需要接受再培训方能上岗的现象较为普遍。

第三，教育实习不足，学生执教能力弱。教育实习是体育教育专业学生执教能力培养的主要途径。例如，美国体育教育专业本科实习具有很强的系统性、针对性，主要形式有：①按照不同学段教学对象实习，如幼儿园、小学、中学等；②按照不同对象群体进行实习，如健康人群、残疾人群；③不同地域的实习：主要是城乡之别，因为相对于地域差异，城乡差异更突出；④理论与实践的反复交替：理论学习一段时间后再去实习，实习一段时间后再返校学习。我国的体育教育实习存在的问题显而易见：一是实习时间较短、形式单一。尽管 2011 年颁布的《教育部关于大力推进教师教育课程改革的意见》及《教师教育课程标准（试行)》规定："强化教育实践环节""教育实践课程不少于一个学期""加强教育见习，提供更多观摩名师讲课的机会。师范生到中小学和幼儿园教育实践不少于一个学期。"但现实是各高校体育教育专业学生的实习时间一般是 8～16 周（即两个月到一个学期的时间）不等，实习的形式多为代课。对于改革中的中小学体育与健康课程来讲，教学内容的选取与教学方法的设计相对复杂，在 1～3 个月的实习时间内，体育教育专业学生难以充分理解和掌握新课程教学的真谛。二是教育实习流于形式，学生沦为短期代课教师，在实习过程中得不到有效指导，主要原因包括：①高校实习带队教师对于中小学体育与健康课程改革了解不多，难以给实习生以有效指导；②体育与健康课程改革中真正成熟的教学能手较少，不少一线体育教师甚至老教师自己都"不会上课了"，更如何指导他人？③课程改革仍没有取得根本性的成功，不少体育教师仍在传统体育教学与新课程教学之间摇摆、彷徨、困惑，对实习生的指导自然也就无从下手。

## 5.4 体育教师教育类课程不够完善

2011 年 10 月和 2012 年 2 月，教育部分别颁布《教师教育课程标准（试行）》和各学段《教师专业标准（试行）》（以下简称"双标"），其针对中小学教师提出了基本的专业要求。就"双标"政策来说，其除了针对教师开展实践教学活动进行了规范以外，还针对教师未来的专业发展提出了相应要求和发展原则。自进入新时期以来，国家教育主张育人为本、师德为先、终身教育的教育理念，在基于这一理念的指导和要求下，教师的教育教学能力获得了前所未有的关注。而且在《教师教育课程标准（试行）》中，针对教师教育类课程的不同学习领域予以了严格要求，并提出要创建模块和学分教学要求内容，这也给每个学科的教师在进行教学改革时提供了思路，指出了正确的方向。尤其是针对体育学科，教育专业的培训目标是培养专业化体育教师，而在专业教师人才培养过程中，由于过度注重体育专业知识的教育，而忽略了教学知识和教学能力的培养，因此伴随教师专业化水平要求的不断提高，再加上基础教育体育课程的改革需求，体育教师教学能力的提升已然刻不容缓。当前体育教师教育类课程主要呈现以下几个不足。

其一，目前的课程类型过于复杂混乱，学分占比较低。通过对30所不同院校开展的教师教育类课程梳理归纳后发现，基本上包含分散型、集中型以及混合型三个类型。①归纳为分散型的学校基本上对于课程缺乏统一安排，也很少有公共课程以及专业类型的课程，缺乏必修和选修的界限之分。②归纳为集中型的学校基本上通过模块的形式进行课程设置，在整体的课程设置方案当中，也只是包含了必修和选修两种不同类型，严重缺乏集中设置的方式。③归纳为混合型的学校在结合了前面两个类型的基础上，又在专业课程方面开设了一类课程，也就是所谓的教师教育类课程。根据分散型开设的结果来看，由于其缺乏统一整体的规划和安排，使得很多科目安排和内容选择以及学分占比上难以获得有效控制。对比之下不难发现，混合型尽管已经有了集中设置的特别课程群，但同一类课程却体现在不同的模块中，这样对课程方案的整体性和系统化非常不利，也容易给学生造成混淆和对课程认知不清楚的问题。除此之外，在课程中设置了单元的学校中，仅有1/3的学校将正规的基本学科和特殊学科纳入了整个课程体系，而多数学校则把它们划归到专业学科范畴，而非学科组。可以说，部分学校的教学计划有些马虎。

其二，课程是同质化的，理论和实践是分离的。在课程设置上，所有学校的教师培训课程大致分为教育理论和教育实践课程，其中教育理论课程包括教育知识和教学技能。然而，大多数机构并没有按照内容进一步划分课程，而只是区分了理论课程和实践活动。对于课程的理论部分，22家机构在理论（讲座）和实践（实训、实验）的时间分配上为每门课程设计了两种或三种不同的授课方式，其初步目的是通过不同的课程内容回应实施需求，将理论和实践联系起来，展示每门课程的个性特点。但实际上，只有10所院校利用课程形式的差异，在学校体育、体育教学和教育心理学等多个科目上采用了“理论＋实践”的模式，其余院校都是理论教学模式或只有一两个科目的学习与实践相结合模式。这种单一化的教学模式不但会使教师对教学知识的理解变得模糊不清，也无法使他们更迅速地把所学的知识转变成实用的技巧。知识与能力不同，知识仅仅是能力的基石。在学习了大量的多维知识之后，学生应该能够通过全面的实践，在知识与实践的转化与优化中获取技能。尤其是体育课，体育锻炼是提高学生身体素质和促进学生健康的主要手段，这是体育课区别于一般文化课的特殊性。因此，操作和参与是体育教师发展运动技能和实现教学目标的重要手段。教学方法、教学设计和场地的使用被列入教学大纲，但仅仅在课堂上介绍各种运动的教学方法，在黑板上圈出合理的场地使用方法，在电脑上演示危险动作的保护措施和纠正方法，并不能让体育专业学生体验和了解实际的教学情况，而到了教学实践阶段他们很可能无法立即进入教学情境中。因此，这种单一形式的课程没有充分联系和促进理论知识及实践技能，也是体育教师培训项目课程中的一个重要问题。

其三，课程内容的范围很模糊，知识也是过时的和重复的。笔者对 30 个机构的课程中提供的所有师范教育课程进行了整理，共产生了 41 门必修课程。根据普通教育和学科教育课程对这些课程的频率进行分类，发现目前体育教师教育课程的内容领域存在以下问题。第一，一般的教学课程比一般的体育课多出一倍。在教育环境、教育组织和师生互动方面，体育是一门与数学和语言等文化科目非常不同的学科，专业的体育教学能力尤为重要。第二，现有课程的范围过于零散。例如，有的院校将音乐、美术等基本技能教育设为必修课。第三，新课程与新时代的需求不相适应。当前，我国基础教育阶段的体育课程改革已进入紧锣密鼓的时期，《体育与健康课程标准》的出台给了体育教师很多新的要求，而“双标”的出台也给了教师培训新的方向，但是这种转变与当前的教育学、心理学、学校体育等课程的缺失相吻合。第四，体育教育理论的高年级课程中，有很高比例的课程是重复的，同时知识也是过时的。这造成了非常大的教学时间浪费。

其四，缺少实践机会，管理松懈。实践活动是师范生将知识转化为能力的最佳平台，越来越受到教育机构的重视。如果实施得好，实践活动具有缩短学校学生成为合格体育教师时间的作用。2003 年，普通高校开始实施大学体育专业课程。其重要性可以从实习期间的改变来看，一开始是 8 到 10 个星期，而现在是 10 到 12 个星期。但是，单纯地延长实习生的时间，为学员提供更多的实际训练机会是非常简单和狭窄的。根据现状分析：首先，许多教育机构将实习期延长至 14 周或更长时间，基本上可以让学生在中小学体验一个学期的教学实践。然而，也有相当多的教育机构的实习期只有两个月，因此很难保证在最后分配给听课和总结之后的实际教学次数。这样就很难达到教师职业培训目标的期望，这个职业非常需要实践经验和教学技能。其次，见习和实习一直是一种传统而又高效的教学方式。但是，由于对教师的专业素质的要求越来越高，单纯把教学实习当作一种“毕业实习”是远远不够的。最后，在某些地区，教育部门对这两个问题没有给予足够的重视，教学工作仅仅停留在表面。因为在课堂上或上课之前，没有教师的引导，导致学生不知道要看什么、要做什么，这样就会影响到实际训练的效果。一些学校的体育课是“放羊式”的，在这种情况下，实习的学生不但没有得到充分的锻炼和发展，而且还会给他们的职业定位和归属感带来消极的影响。高校若不能对其进行有效的监督与跟踪，将导致实习过程中产生的诸多问题难以得到处理和解决，从而使实习的价值丧失，使学生失去一次极好的学习机会。

## 5.5　体育教育专业人才培养方案不够合理

培养方案是指院校根据不同层次、不同专业的培养对象定制的具体、专业的培养计划和方案。培养方案是专业发展的依据，对于一个专业的可持续发展具有重要意义，其中培养目标、培养规格和课程设置是人才培养方案中的重要组成部分。培养方案是人才培养过程中的指导性文件，包括培养目标、培养规格、课程设置、学制学分和实践环节等多个方面，而且每个方面都有着具体要求和规定。目前，体育教育专业人才培养方案的问题主要体现在以下几个方面。

### 5.5.1　培养目标表述趋同，学校培养特色缺失

培养目标是整个人才培养方案的总抓手，其落脚点不同会直接影响到体育人才的培养质量。培养目标的制定应在社会对体育师资需求的基础上体现其差异性和前瞻性。目前，高校体育教育专业现阶段的培养目标主要存在以下两个问题。

第一，部分高校在培养目标的制定上并没有充分体现学校的差异，一味地迎合国家指导性文件或单纯效仿其他院校的目标设定，在定位上欠缺特色，造成了“千人一面”的状况，培养目标最终趋向同质化。虽然有些院校在目标中表述为立足本地实际，从本省、市的教育实情出发培养体育教师，但是在制定培养目标时未结合地区的校本特色。

第二，随着我国体育事业的快速发展，体育教育专业的服务面向也愈加广泛，不仅面向中小学教育，还面向社会及相关机构，这要求体育教育专业的学生除了

需要具备基本的教学技能外，还需具备体育管理和心理辅导等多方面的能力，从而促进学校体育与社会体育事业的连接。然而，有些院校在过程中走入极端，试图培养出集所有体育相关工作能力于一身的人才，从而导致高校体育教育专业人才培养目标的服务面过于宽泛，对体育教育专业学生毕业后的面向聚焦不够清晰，体育教育专业的意蕴不断被弱化，进而造成体育教育专业培养目标不够精准，与我国学校体育改革总体步伐不够接近。如个别学院将培养目标注重群众体育事业、竞技体育事业和体育产业，这与体育教育专业的含义相差甚远，这种做法不仅会增加学生的学习负担，还会干扰学生专业技能的发展，不利于学生专业知识和技能的提高，其负面效果直接显现在体育师资培养的质量中。在一定程度上，国家颁布的相关文件是规范人才培养方案的制订和保证体育教育专业培养质量的应然措施，但这仅是参考标准而不是唯一标准。如培养目标继续存在界定模糊、盲目效仿和脱离学校自身专业建设优势的问题，将会导致广大普通高校体育教育专业学生整体质量下降，就业竞争力减弱，学科专业出现“沉没”现象。

### 5.5.2 毕业要求生搬硬套，或未涵盖基本内容

毕业要求是各专业对学生做出的发展承诺，是学生毕业时应达到的基本要求。毕业要求条目的多少取决于是否能将“一践行、三学会”细化为可以落实到教学过程中的可评可测的指标条目[①]。一些学校的体育教育专业人才培养方案中的毕业要求存在以下两个问题。

第一，仍有部分院校的人才培养方案不符合《普通高等学校师范专业认证标准》（以下简称《认证标准》）的基本要求，在文本表述上未能涵盖毕业要求的基本内容。在我国不断推进师范认证制度的背景下，这无疑减缓了高校进一步落实《普通高等学校师范类专业认证实施办法》的脚步。毕业要求是整个认证的关键，《认证标准》已对其制定提出了明确的规定，因此，如果这些院校想要加快本校体育教育专业师范认证的进程，需要了解师范类专业人才培养方案的基本构架，明白毕业要求的制定应满足什么要求后再进行修改。

第二，绝大部分院校毕业要求是按照《认证标准》的相关规格制定的，说

① 郁建华，岳新坡．师范专业认证视域下体育教育专业人才培养方案范式构建[J]．南京体育学院学报，2020，19（11）：71–75．

明这些院校已经意识到《认证标准》的指导性作用，然而在分析毕业要求的具体内容时，发现有些院校直接套用《认证标准》内容，有的学院在毕业要求的维度划分上仅多了运动技能和训练指导，其余内容要求与《认证标准》没有差异，并没有结合学校自身的实际情况画出符合自己院校专业的“特色脸谱”，无法对培养目标形成强有力的支撑。各院校的体育教育专业在毕业要求的制定上一定要与《认证标准》有所区分，切实把握好毕业要求这一关键要素。

总而言之，毕业要求是否合理和是否能达成都是专业认证的重要观测点，如果呈现与《认证标准》相同的表述，那么对绝大多数学生来说培养方案便失去了应有的意义，缺少内涵描述和特色差异的毕业要求更难以体现高校的办学特色和学科优势。

### 5.5.3 课程体系结构不合理，部分课程设置不规范

课程是保障和提高人才培养质量的关键。在专业认证的过程中，体育教育专业课程体系的重要性日益彰显，其作为“育人”的重要手段，是师范专业认证顺利开展的重要一环。从笔者抽查的 14 所院校的体育教育专业课程设置情况来看，虽然基本上都较好地支持了培养目标与毕业要求（培养规格），与地方社会经济发展和学校传统保持一致，但仍然存在以下几个问题。

第一，通识类课程的思想还未渗透到课程设置中。通识类课程是在素质教育思想的指导下，旨在培养健全人格、促进个性发展和加强学生全面发展的跨学科、跨专业的课程。从通识类课程的内容上看，对人文社会类和自然科学课程的重视程度不够，忽视了通识类课程的作用；从课程安排上看，自主性不足，学生自由选择的空间较为单一狭窄，不利于学生全方位发展。国外体育院校选修课程学分比例高且内容丰富，学生自主选课的机会较多。如美国高校以培养“通才”性学生为目标，选修课的课程设置涉及自然、历史和伦理等多个方面，范围广、程度深，学生可以根据自己的兴趣与需要进行选择。

第二，在专业教育课程上，专业核心课程开课不齐，选修课学分偏低。专业核心课程是最具专业代表性的课程，其能突出与本专业有关的知识和技能。由于从事学校体育教学工作是体育教育专业学生毕业的主要出口，而核心课程的内容主要包括学校体育工作、课程与教学的基本关系和教学原则等的教学理论，这为

学生成为一名合格的体育教师奠定了扎实的专业基础，所以专业核心课程在体育教育专业课程体系中发挥支撑引领作用并占据主导地位。此外，专业拓展课程是可以根据专业的方向和学校特点自主进行设置的，主要是为了让学生能够全面发展，且通过该课程的学习来弥补自身的不足。当前增加选修课的比例是高等教育课程改革的趋势，体育教育专业也是如此，选修课的设置应该尽可能体现各高校体育教育专业的培养特色。如选修课与必修课的比例过分失调，将会导致体育教育专业学生知识面狭窄，不利于学生的个性自由发展。

第三，不够重视教师教育课程，课程设置相对弱化。首先，少数大学没有达到《教师教育课程标准》规定的学分要求，这从一定程度上反映出院校对教师教育课程的重视程度。教师教育课程是教师教育的核心要素，是解决教师“怎么教”的课程，也是职前体育教师培养的一个关键点，如果一味追求学科专业知识体系的完整性及其内容的深度，会导致课程结构不合理，进而无法体现体育教育专业“师范性”的特点。其次，教师教育课程的呈现形式没有统一的归属，无法体现教师教育课程的重要性。虽然《认证标准》对教师教育课程的呈现形式没有做出要求，但分散型容易让学生对课程的性质产生误解，学校在课程内容的选取和学分所占比例上也较难掌握。最后，课程内容相对滞后，与基础教育发展的需要不相适应。各类师范专业认证标准中，时代性、基础性和实践性等要求是教师教育课程所要蕴含的，而且要在实际课堂教学中适当融合师德教育和教育价值观。对照以上的要求，现有的教师教育课程大多集中在理论性知识上，没有把教育教学的新成果、师德教育的新要求体现在课程中，缺少了时代性。加上教师教育课程包括必修课和选修课，而在现有的教师教育课程中，必修课较多，没有在符合《认证标准》学分要求基础上开设更多的选修课，学生可以自由选择的课程数量相对不足，导致该课程应有的灵活性和弹性缺失。

总体来说，目前部分高校体育教育专业课程设置呈现出课程体系结构不合理、部分课程设置不规范的问题，呈现出重“专业性”轻“通识性”、重“理论性”轻“师范性”的倾向，如何协调通识课程、专业课程和教师教育课程，以及必修课和选修课的关系，并实现专业培养目标的要求，必然会成为人才培养方案改革的关键之一。

### 5.5.4 教育实践环节不扎实，实施过程缺乏监控

教育实践环节是一种全方位、全程性的实践过程，《认证标准》也对其做出了明确的周数规定。目前，国内多数体育院校在教育实践环节存在的主要问题包括以下三个。

第一，不重视教育见习，开设周数少。教育见习经常形式化，把学生送到实践基地后要做什么和怎么做没有具体的标准，使得体育教育学生如何听课、如何评课和应听多少节课等问题得不到落实。加上部分院校教育见习仅有一周，无法满足学生学习的需求。

第二，教育实习实际时间不足。从实际的教育实习过程来看，规定的 18 周的教育实习基本得不到保证，体育教育专业的学生正式前往实习基地进行实习往往是中小学开学一两周后，并需要花费 2～3 周的时间去适应学生到体育教师的角色转变，当学生刚对体育教师角色有了比较全面的了解，实习工作却即将结束。因此实习生无法针对教育实践中出现的问题进行及时的纠正、反思和提升，体育教学和课余体育训练等能力也得不到有效的发展，难以实现《认证标准》对实践教学环节提出的基本要求。同时实习过程缺少监督和管理，院校负责人没有定期与基地导师进行沟通，对学生实际实习情况不了解，容易导致学生对体育教师的职业认同感和归属感产生不良影响。

第三，教育研习环节欠缺。从目前高校体育教育专业培养方案来看，仍存在部分院校没有开设教育研习，从根本上忽视了对学生反思能力的培养，不利于学生发现问题并主动解决问题能力的发展。

不可否认，在教育实践环节中，大多数院校只对开设的学期和周数进行了明确的规定，对于开展的情况和具体实施效果相对忽视，教育实践环节整体欠缺监督和管理。

# 6 我国职前体育教师教育制度问题产生的影响因素

历史的重要性不仅仅在于我们从过去汲取教训，更在于维持社会体系的连续性，将过去、现在和未来连接起来。从中国体育教师教育制度的历史脉络中，我们可以看出社会制度对体育教师教育制度建立形成的影响，以及当代社会观念的更新所产生的新的推动力。通过对中国体育教师教育制度演进的研究，我们可以梳理其发展与改革的思路，并总结其发展的经验。

## 6.1 影响体育教师教育制度演变的外生性因素

中国体育教师教育制度的演进受多种因素的制约，但从社会发展的历史进程来看，一个社会的发展必然会受到政治、经济、文化等因素的制约。外部因素是指影响和限制体育教师教育制度演化与发展的各种外部因素。社会、政治、经济、文化环境是影响体育教师教育制度演进的外部因素，也是造成体制发展不均衡的主要因素。

### 6.1.1 体育教师教育制度演变的环境因素

中国体育师资培养体系的演进过程中，环境因素起着举足轻重的作用。具体来说，一个特定社会的政治、经济、文化发展程度是其形成的重要环境因素，二者相互交织，共同促进了中国体育教师教育制度的发展与演进。

政治因素：自进入新时期以来，我国体育教师教育制度发生了翻天覆地的改变，正在逐渐进行完善和优化。1956 年，伴随社会主义制度的诞生，体育教师教育制度也随之迎来了较大的发展机会，在这个时期特别创建了高度集权的师范教育体系，这个体系完全服从国家政治的需求，各项示范教育工作的开展也符合国家的政治教育发展意向；紧接着在“文化大革命”爆发以后，我国教育事业陷入了一轮激烈的斗争旋涡当中，体育教师的教育工作长期处于停滞不前的状态，尽管在这段时间内开展了很多次的培训，然而培训的内容却不是很理想，培训目的也没有达到既定目标。1978 年，改革开放政策的落实和实施，给体育教师教育制度的发展创造了良好的政治环境，再加上多样化的先进教育理念，更好地促进了体育教师教育制度的稳定发展和深化改革。自进入新时期以来，政治环境更加和谐、更加稳定，这也进一步为我国体育教师教育制度的发展奠定了扎实的基础，创造了良好的环境条件。

经济因素：当前，我国的社会和政治环境不断改善，我国高校体育师资队伍建设已逐步形成了制约高校体育师资队伍制度建设的主要因素。中国体育师资队伍的建设与改革得益于生产力的发展以及科学技术的进步。随着我国社会主义生产关系的确立和改革开放的推进，我国体育师资队伍建设不断深化。教师是人类社会中最重要的一种资源，对于推动科学技术发挥着重要的作用，在一定程度上应该被予以高度重视。在特定的历史发展阶段，教师教育制度的形成以及性质的确定，都是跟随社会政治经济制度的发展而不断改进的，可见社会政治和经济发展的实际需求可以充分决定教师教育制度的具体开展方式以及具体规模。社会主义市场经济体制的发展为这一制度的形成和发展奠定了扎实的基础。政府不会直接干涉教师教育制度的开展工作，只是会作为指导者进行相关政策的调控，给学校和教师提供自主探索研发的新途径。除此之外，经济全球化的发展速度越来越快，这也激发了社会对教育人才的强烈渴望，因此在推动我国教育发展的过程中，开放式、包容式的教师教育体系至关重要，这也是促进我国教师教育制度进一步深化改革的关键。

文化因素：自中国教师教育制度创立以来，伴随新世纪的发展不断深化，中西文化的融合与碰撞始终不断。随着西方教育思想的不断注入，以及国外先进的教育发展理念的引进，中国的师资队伍正在发生着深刻的变革。一方面，中国传统的、保守的教师教育制度，尤其是教师的培养课程、教师的教育教学观念等，都受到了极大的冲击；另一方面，引进西方先进的教育观念，也促进了中国的师资教育体制的变革。中国的教师教育制度在这一过程中得到了发展和完善。这一观念在引进和建立终身教育的观念中被凸显出来。伴随西方终身教育理念的引进，中国相继颁布了一系列包括终身教育思想在内的教育政策，这些都为中国教师的终身教育发展打下了坚实的思想基础，因此才有了如今的“教师教育”向“师范教育”的转型发展变化。

### 6.1.2　体育教师教育制度的非均衡性因素

制度失衡是指当社会的制度不能满足人们的需要或引起人们的不满，出现新的制度变迁或潜在的制度供给时，人们就会寻求改变的一种状态。中华人民共和国成立后，我国的师资培养体系的发展轨迹、新的师资培养体系的形成和新的教学政策与措施的落实，都离不开现有的师资培养体系。人们只有通过对现有师资教育体系的不断调整和优化，才可以随时满足社会对教育的需要。而且，在教师教育不均衡发展的情况下，新的均衡的教师教育制度的建立，本质上是摒弃了与时代发展要求不符的旧制度。由此可以看到，中国的师资教育体系从建立之初就没有经历过过渡期，而是逐步发展，属于循序渐进的状态。其将通过体育教师职前教育和职后教育从分离到融合、教师专业化要求的深化等调整逐步形成。在终身教育等思想的影响下，中国教师教育体系的不平衡性将继续存在，而正是这种不平衡性将推动中国体育教师教育体系的发展和完善。

学历教育效益弱化。教育效益作为动力传导的重要媒介，是推动人们行动的动力。在市场经济体制的需求下，社会整体利益开始向个体利益过渡，教育逐步回归到追逐物质利益为需要的现实生活中。这种情形导致两种结果：一方面，学生追逐教育的效益开始弱化，优秀的学生不愿上师范专业。在体育教育专业学生的严峻就业形势下，“读书无用论”一定程度上影响着动力传导。2013 年，《中国蓝皮书》中关于大学毕业生就业的研究报告称，大约 1/3 的学生就业与其所学的专业无关，有部分专业的毕业生就业的专业对口率达不到 30%，更为极端的是有些专业对口率不到 1/6，其中就包括体育教育专业。当前中国体育教育专业的学生毕业之后，真正从事体育教师职业的仅为 30% 左右，与该专业的培养目标相去甚远。学生感觉所学知识对其就业帮助不大，认为专业成绩的好坏对其就业产生不了实质性的影响，因此学习过程中采取消极应付的态度，导致很多学生担任体育教师后专业知识欠缺。另一方面，我们也要反思当前的高校体育教育专业学历教育是否能够传授给学生足够的实践技能，毕竟，部分学校由于师资、硬件，以及工作积极性等问题，办学质量大打折扣。

学科、专业建设滞后。学科是体育教师教育课程得以存在的理性依据，构建并完善体育教育学学科体系是体育教育专业化的基础。体育教育学在1992年正式获得学科地位，其理论体系是建立在体育科学和教育科学相互渗透的基础之上的。体育教育学学科体系应由体育教育哲学与历史、体育教师教育课程体系建设、体育教师教育政策与管理三部分构成。然而，目前无论是在基本理论研究，还是在教材建设、制度建设等方面均是欠缺的。课程体系建设是学科发展的基础，从职前体育教师教育课程设置体系来看，有关“体育教师执教能力”课程缺位比较严重，几门主要的课程如“学校体育学”“体育教学论”“中学体育教材教法”各自都有独特的研究对象和功能，但存在不同程度的关联和交叉，其基本术语和理论体系仍然不够成熟，方法论基础更加薄弱。学科体系构建与完善是体育教师教育专业化的前提，因此有学者指出当前模糊的学科体系或学科体系的不完备导致学科与专业建设工作严重缺失，专业设置过于随意且缺乏相应的学科依托和课程支撑，所培养的人才难以达到培养目标的要求，高等体育教育的教学和人才培养质量出现了下滑的趋势。在教师专业化发展的社会背景下，随着《教师教育课程标准》的颁布，当前高校体育教育专业课程设置难以适应体育教师执教能力的要求。

学科是龙头，专业是支撑。体育教育专业的发展决定着体育教师的培养质量。体育教育这一传统的老牌专业，在麦可思研究院发布的大学生就业报告中，连续多年入选具有高失业风险的“红牌专业”。原因是多方面的，自从1999年高考扩招后，生源质量下降是专业发展薄弱最直接的体现。部分省市对体育术科考试要求不高，很多省份没有专项考试，外加就业环境的影响，导致学生学习动力不足。此外，我国传统观念上对体育教师教育专业性特点认知不足，“运动技能观”价值取向始终占据主导地位，将体育教师教学能力的高低等同于运动项目的教学水平，忽视“如何教”以及指导学生“如何学”的知识和能力培养。另外，体育教育专业课程结构问题一直未得到有效解决，如学科和术科课程比例的问题。此外，针对特殊人群，比如特殊体育教育专业、幼儿师范教育专业学生培养也明显缺乏。

国家、学校、教师三者的主体需求未呈现耦合状态。分析体育教师教育动力不足的原因，我们需要回归原点，探讨体育教师教育动力来源。马克思主义社会学中指出动力源于人的需要，社会运行动力的第一个基本范畴就是“需要”。体育教师教育的动力主体分三个层次：宏观（国家、社会）；中观（学校）；微观（教师个体）。三个层面的动力主体均有“需要”的动力源，但三者的动力需求缺乏有效衔接。在国家层面，随着2010年“国培计划”全面实施，对体育教师提出了高质量要求，即“体育教师专业化”。在学校层面，体育教师教育专业院校人才培养目标不清晰，改革进展缓慢。推动中国教育发展应然的“突破口”始终停留于实然的“负担”上，“中央急、地方不急，部门改、学校不改，上层动、中层社会不动”。目前，国内300余所开办体育教育专业的高校，真正构建起完善的“职前体育教师教育课程体系”的还很少。其主要原因之一就在于对体育教师职业的实践要求不甚了解，或者自身办学实力缺乏，难以与社会需求有效对接。在教师个体层面，个人发展目标模糊，人生理想中“自我实现”需要缺失，导致个人学习动力不足。社会心理学家马斯洛认为，“自我实现”的需要是人需要层次中的最高层次。

由此可见，三个层次的动力主体需求不一致，动力源的主体需求难以耦合。宏观层面的国家和社会对体育教师教育发展提出高要求，其所产生的动力在向下传递的过程中，由于学校资源环境受限，以及现行制度缺陷影响等因素，高校职前体育教师改革处于进展缓慢的状态。三者的合理需要缺乏有机契合，最终出现体育教师接受教育的潜在动力难以转化。因此，同时激发三个层次的合理内在需求是动力需求整合的关键点。

## 6.2 影响体育教师教育制度演变的内生性因素

体育师资队伍是影响体育教师教育制度发展与演进的内在因素。制度变迁是由制度本身的价值以及在发展过程中作用的实现与调节所决定的。

### 6.2.1 体育教师教育制度的价值追求

中国的教师教育制度从建立之日起，就一直在拓展和发掘自己的价值，从而推动教育与社会的发展。在中国教师教育体制改革的进程中，应结合本国发展的现实，进一步推进和完善我国的体育师资培养体系，使之朝着专业化的方向发展。

一方面，近几年来，教师的专业化也逐渐成为世界各国教育事业发展的主要动力。教师专业化是当前我国教师教育体制改革的关键所在。要使教师专业化发展，就必须构建一套专门的师资培训制度。以中国教师职后教育为例，自1949年至20世纪70年代末期，由于教师的学历普遍较低，其职后教育的作用主要是补充学历、提升学历，而20世纪80年代以来，其工作重心逐渐转向了提升教师的职业素养与能力。要推动教师的专业成长，就必须要有专门的学科知识与技能，这也是中国教育与发展的一个重要目标。因此，为了适应我国高校体育师资队伍的发展，需要构建更加高效的师资队伍。另一方面，开放的师资培养系统有利于拓展师资培养途径，促进师资队伍的多样化，并能吸引更多的优秀人才加入。一个独立而封闭的师资培养体系，既不能满足社会对师资的需求，也不能保障师资培养的质量。在中国的各个领域都得到了全面的发展，教育改革也在不断深入发展的背景下，一个开放、多元的教师教育系统能够更好地满足社会的需求。这既是经济全球化的必然要求，也是推进科学化、开放化建设的必然要求。

### 6.2.2 体育教师教育制度的功能调整

在不同的社会、历史阶段，教师教育体系所扮演的角色也不尽相同，这主要取决于其自身的不同职能。综观我国教师教育的发展历程，我们可以看到，在各个历史阶段，体育教师的教育体系与其职能有着密切的联系。从教师教育制度的角度来看，在原有的教学体制中，存在一定的偏颇或某些弊端，会使整个制度失效，从而造成体制的停滞不前和倒退。为此，我国的教师教育体制进行了一系列积极或消极的改革，以适应社会的发展。从教育制度的功能上看，其发挥的作用主要体现为“自由”与“秩序”。教师教育制度的自由性是指教师教育制度是一系列的活动规律，其规定了学生哪些事能做，哪些事不能做，哪些事可以自己选择，并相应地限制了学生的行为。而制度自身的自由作用又体现在约束与自由、限制与宽容之间，二者的区分决定着教育体系的自由与运行。

随着社会的发展和教育改革的不断深化，传统的教师制度自由功能的冲突也随之显现出来，必须对教师制度中的约束与自由、限制与宽容等因素进行再分配。由此，一种更加开放的师资培养与培训系统的形成，使教师的培训系统从内部结构上进行了调整，从而促进了教师的教育系统的发展。教育制度的有序运作，以教育制度的公平与公正为重点，是有效、有序地实施教师教育制度的一个显著特点。为了有效地解决区域差距，党和国家对乡村和中西部的教师教育进行了政策上的调整，使其能够正常运转。中国教师教育制度的变革与其运行机制的变革相联系，这种体制内部的结构要素的调整，对完善中国的师资培养制度起到了积极作用。

### 6.2.3 制度链条衔接失衡

体育教师教育动力转化的最终目的是将潜在的动力转换为现实的动力，转化为一种实现需要满足的社会行动。管理学经验告诉我们，目标的实现需要制度保障，体育教师教育动力转化往往取决于决策环节，如果决策层面安排不力将会影响体育教师教育行动的实现。近年来，国家颁布了《教师专业标准》《教师教育课程标准》《全国普通高等学校体育教育本科专业课程方案》等一系列文件，但从总体上看，现有的体育教师教育相关政策仍然存在不足，专业制度发展引领无序。主要体现于以下几个方面：第一，专业性引领有待加强。国家虽然颁布了《教师专业标准》等纲领性文件，但是难以涵盖体育教师专业特点。针对体育教师的专业标准，如“体育教师教育课程标准”“体育教育专业学生运动技能等级标准”明显缺乏。第二，时代适应性有待加强。社会性培养目标引领专业发展的人才培养目标。在当前体育教师师范生生源质量下降和体育教育专业就业吸引力不突出的背景下，体育师范生的“博”还是“专”，以及专业口径的“宽”与“窄”问题凸显。以前，国家提出“厚基础、宽口径、广适应”的人才培养目标，旨在增强学生的社会适应性，拓宽就业渠道。可是在此目标的引导下，学生的社会适应性虽然增强了，但是专业基础显得薄弱，导致“所学专业不专”。因此，我们需要反思“厚基础、宽口径”的“复合型”人才培养目标是否能够有效引领体育教育专业发展。第三，制度操作实效性有待加强。长期以来，我国职前体育教师教育一直沿用统一的教育制度，但大中小学以及幼儿教育均呈现出不同特点，专业能力要求各有不同，在制度建设方面需要体现出差异性。所以，三级课程管理体制下，体育院校、师范院校、综合性大学如何分类发展也是我们面临的一大问题。综上所述，现代教师教育制度的发展和完善离不开稳定的社会环境、教师教育制度结构的优化组合及功能的有效发挥，这些内、外部因素的变革为我国体育教师教育制度的发展注入了动力。

# 7　我国职前体育教师教育制度演变的启示

## 7.1　树立教师本位的价值取向，实现与社会本位有机结合

从历史来看，我国职前体育教师教育制度的演变，直接以国家政治需要为中心，或者以学科发展为中心，沿着社会本位的路线展开，而缺乏对教师“人”的关照。社会本位的价值取向具有一定的时代意义，但割裂了人与社会的关系，使得职前体育教师教育成为服务于国家政治、经济发展的工具，“重工具轻人文”的价值取向违反教育发展规律，这也是我国传统体育教师教育只能培养出“体育勇士”的症结所在。以往体育教师教育课程制度建设中学科和术科比例问题一直没有解决好，导致体育教师教育教学能力不足，因此这一现象的出现是历史逻辑的必然。

新时期的体育教师教育课程制度建设，应该以“人”的教育为逻辑起点，既要体现形而下的物质文化特征——“技能学习”，也要体现形而上的精神文化特征——“教育教学能力”。我国职前体育教师教育制度变迁属于自上而下的强制性制度变迁，但当下中国的治国模式正发生深刻变化，逐渐实现由管理向治理的转变。治理意味着上下互动，只有将改革重点落实到个体，满足体育教师个体需求，制度才会具备生命力。因此“体育教师专业标准”的研制要扎根实践，充分听取一线教师的意见。当然，体育教师教育的价值取向无论是注重社会本位，还是注重教师本位都是片面的，只有实现教师本位引领下的有机结合，把国家社会需要和体育教师自身发展需要有机结合起来，方能实现人与社会的同步发展。

## 7.2 满足时代发展需求，建立与社会发展相适应的课程制度

历史经验证明，任何教育制度都是特定社会背景下的产物，只有准确把握社会和教育发展的时代需求，职前体育教师教育制度改革才有生命力。当前，随着教师专业化、健康中国、学生体育素养以及全面建设小康社会中“立德树人”根本任务的提出，现代体育教师教育课程制度改革应该与社会现实诉求紧密相连。对于职前体育教师教育课程制度改革本书提出以下建议。

第一，加强人文素养课程建设，突出育人能力。面对学校体育边缘化、学生体质下降的局面，体育教育专业学生的人文素养显得尤为重要。人文素养培养包括教师职业认同、教师美德、教师使命三个层次。体育教育专业课程设置可在体育教育课程体系完善的基础上加强课程内容的人文化建设，使体育教育专业学生树立正确的自我发展意识，增强责任感和职业使命感。

第二，进一步优化教师教育类课程，增加体育教学教法课程。体育教育专业的专业性在于“体育教育”，因此，支撑这个学科的（课程）理应是体育教育学（课程）。目前国内300余所开办体育教育专业的高校，真正构建起完善的“体育教师教育课程体系”的还很少。《全国普通高等学校体育教育专业本科专业课程方案》中列举了142门课程，但其中只有33.8%的课程（48门）与体育教学相关。建议专业性的体育教师教育课程体系应该囊括一般教育学类课程、学科教育学类课程、术科专项课程、教育实习类课程四个方面。

第三，针对中小学体育教师分层设定专业课程制度。从幼儿到高中四个年龄段的职前体育教师应依据各自标准开展教学，毕竟学生年龄有异，教法有异。1932年公布的《国民体育实施方案》中便针对中小学体育师资提出了不同的要求。新时代，我们应该根据《体育与健康课程标准》要求，围绕小学、初中、高中体育教师应该具备的能力结构，设定相应的课程标准。

## 7.3 优化体育教师教育类课程内容，进一步完善课程设置

根据新政策对体育教师教育类课程发展的宏观诉求，结合一线中小学体育教师和体育教育专业学生具体的实际需求，对照前期研究中收集并整理的 30 所院校体育教育专业培养方案中开设的教师教育类课程情况，可以挖掘出应当予以优化的部分，将其按照改进、补充两个类别进行区分。

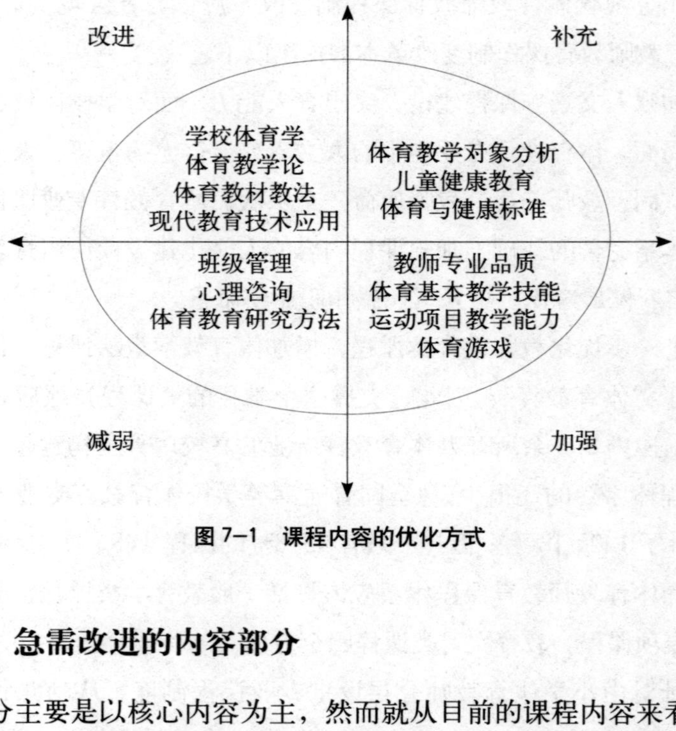


图 7–1 课程内容的优化方式

### 7.3.1 急需改进的内容部分

改进部分主要是以核心内容为主，然而就从目前的课程内容来看，依然存在很多问题，需要有针对性地进行重新调整和优化。其中共包括了三个部分的内容：学校体育学内容、教学理论内容、教材教法内容。这三个内容一直以来都是每个体育教师在实际教学过程中最主要的关注内容，也是体育课程开展过程中的主要支柱，重点突出了体育课程教学的专业属性。而这三部分内容可以以独立的形式呈现，即作为单独的课程来呈现。但如果深究每一个内容不难看出，这些内容体现过于陈旧，不能与时俱进，内容重复率普遍较高。就当前各个院校采用的体育课程教材来看，主要将 2004 年版的《学校体育学》作为核心教材，而采用的《体

育教学论》教材基本上以2011年高等教育出版社出版的国家级体育规划教材为主。这两版教材的运用时间相对较长，也从侧面说明了两版教材的内容比较陈旧，重复率也较高，急需进行更新和调整。这当中，有关体育教材教法的核心内容，基本上都是由简单的教学原理以及不同项目的教学方法组合而成，涉及理论部分的内容相对而言重叠性较高，同时还缺乏体育实践授课方法，对于体育教师授课能力提升方面也只是进行了简单的介绍，欠缺精准细致的介绍以及有关的练习部分内容。所以，本书建议可以将以上提到的三个部分内容进行重新调整，重新优化。

从学校体育学层面来看，可以从四个不同层面来分别展开，比如可以从学校体育发展层面、体育课程开设层面、课外体育项目活动开展层面、学校体育管理层面来展开，而在体育教学理论内容规划层面，可以借助《体育教学论》来完善。在调整和优化体育教材教法内容层面，可以多与体育课程标准结合，并且可以参考有关的运动项目教学方法。在进行内容调整时要多和社会发展情况相结合，通过不断创新知识点来完善和健全课程内容，增加案例分析、视频观赏等有关内容，在了解实践教学需求的基础上，进一步丰富体育课教学内容。在新时代现代教育技术的运用也不可忽略，而针对这方面技术的应用绝大多数院校直接开设了有关的课程内容，在课程内容当中多以技术学习为主，比如包含一些基本的多媒体信息技术办公软件的学习，但是欠缺和体育教学有关的课程内容教授，对于体育教师整体现代教育技术的提升既没有针对性也没有太大帮助。所以本书建议在开设这方面课程时可以在原有的课程基础上适度地调整课程比例结构，除了增加有关的现代科学技术知识教授以外，还要增加相关的体育赛事视频剪辑技术教授内容。另外，也要有针对性地向体育教师推广线上课程、网络课程等，在综合以上内容的基础上适度调整比例结构，进而达到优化和完善现代教育技术应用培训课程的目的。

### 7.3.2 需要补充的内容

补充部分是社会需求度较高，但是现有课程中没有或较少涉及的内容。前文提到体育教学对象分析，其内容对体育教师来说尤为重要。“双标”要求分别按照幼儿园、小学、中学的形式呈现，就已表明对教学对象差异化的重视，并且在《体育与健康课程标准》的五个学习领域中，也强调了了解儿童发展与学习特征的必要性。具体到体育学科，不仅要清楚教学对象各个时期的心理变化，还要更加关注其身体上的成长，比如不同年龄学生身体素质发展敏感期、动作技能学习开窗期等。目前这部分内容主要由心理学、教育心理学来承担，通过梳理这两门课程的内容发现，心理学主要讲授的是心理学的起源、生物基础、环境基础和各种心理现象等内容，教育心理学主要包含基本理论、学习心理、教学心理、制约教与学的因素和条件四大部分。这些内容仅包含了体育教师应当掌握的学生情况的一部分，缺乏身体素质、运动技能与年龄、心理匹配关系等内容，这就需要在课程内容体系中增加专属体育教师教学对象的分析内容。关于儿童健康教育内容，《体育与健康课程标准》明确将“健康”教育任务划归到体育课中，表明体育课是以体育学习为主，同时融合部分保健、卫生、安全、救护知识和技能的课程。那么体育教师不仅要完成体育内容教学，还承担着健康知识与方法的传授任务。许多教师表示希望在教师教育类课程中能够有所体现，比如运动保健、运动损伤处理等。这说明中小学已经将健康教育融入体育课程中，但是体育教师对这部分知识还没有完全掌握，急需在新教师的培养过程中加入相关内容。《体育与健康课程标准》是基础教育体育课程改革情况的直接体现，也是中小学体育教师设计与组织课程的依据。对于体育教育专业学生来说，这部分内容是了解基础教育体育课程的窗口。目前课程中鲜有专门介绍新课程和中小学体育课实际情况的内容，仅在学校体育学中涉及一些，并且由于授课教师与中小学接触较少，一定程度上影响了教学质量，因此需要将这一部分内容补充至体育教师教育类课程之中。

### 7.3.3 继续加强的内容部分

加强部分主要是指在当前课程当中已经拥有了这些内容，但从内容质量上来看，不够完整，不够全面，不够“高质量”，但是这些内容在教师教育当中占据着举足轻重的地位，需要引起高度重视。在教师专业品质培训方面，有关教师职业道德培训和专业能力培训的内容在所有内容当中占比相对较高，其重要程度不容小觑。教师专业品质培训除了包含以上两个层面的内容以外，还包含专业能力的发展、体育课程教学当中的德育教育，这些都是衡量和判断一个教师专业品质好坏的主要标准。而从当前的教师专业品质培训课程内容来看，极为欠缺教师职业道德培训部分，对这部分内容的重视程度不够，有关这部分的培训主要以选修课为主。教师的体育基本教学能力以及运动项目教学能力基本上都在体育技能考核范围之内，体育基本教学能力培育更注重教师对基本体育教学能力的掌握程度，而运动项目教学能力培育更注重教师对单一项目教学能力的掌握程度，这两部分内容是衡量体育教师整体教育能力的关键。

在当前的体育教师培育当中，只针对教师普适性的体育教学能力进行了培育，比如书写和表达能力，在一定程度上欠缺体育学科专项能力的培育。尤其是运动项目教学能力方面的培育，基本上只是一些理论方面的课程。所以在进行课程内容优化时，也要把这部分内容作为主要强化部分。现如今，新课改当中对于各大中小学提出了严格的要求，要求每个学校要带领学生上好体育课，要给学生提供更多自由的体育活动时间，这就需要每个体育教师合理安排课程时间和体育课程活动。除此之外，针对低年级儿童要采取特殊的体育教学方式，比如体育游戏教学方式。这里需要提醒的是，体育游戏不是简单地为了调动课堂氛围而开展的活动，而是要结合实际教学内容，开创一些具有创新意义、具有深刻内涵的体育游戏活动。

### 7.3.4 需要弱化的内容部分

弱化的内容部分主要是指虽在当前的课程当中占据着重要的地位，但实际上并不重要的内容。在整体课程内容比例较为有限的前提下，需要对这部分内容予以减少或者适当调整。本书建议在课程内容建设方面，可以适当结合当前的社会背景，弱化一些与体育教师实际教学能力培养无关的内容，如“班级管理”“心理咨询”“体育教育研究方法”，通过这样的方法，更好地均衡教育课程内容比例，更好地满足新时代背景对每个体育教师提出的新要求。

### 7.3.5 课程内容的体系梳理

根据上述分析与建议，将需要改进的课程内容进行优化，加上原有内容中予以保留的部分，能够得到体育教师教育类课程应当包含的内容。依照“双标”所呈现的课程目标结构和内容建议，建立以专业品质、教育知识、教育能力三个维度为框架的体育教师教育类课程内容体系，每个维度有对应的具体目标，遴选出来的课程内容按照目标进行匹配（见表 7–1）。由此，体育教师教育类课程内容的范畴和作用更加明晰，在对相关课程进行调整时可以以表 7–1 中优化后的内容体系框架为参照。

**表 7–1　体育教师教育类课程需求与内容对照**

| 维度 | 具体目标 | 课程内容模块 |
| --- | --- | --- |
| 专业品质 | 1. 理解与认识教育的意义、理念和规则，了解相关政策规则<br>2. 理解教师工作的意义、特点和要求，遵守教师职业道德<br>3. 理解学生在各个阶段成长的意义，尊重个体差异<br>4. 了解教师专业发展的内容和途径，不断提高自身素养 | 教师职业道德修养<br>教育政策法律法规<br>教师专业发展<br>儿童品德发展与道德教育<br>师生关系建立<br>体育运动中的德育教育 |
| 教育知识 | 1. 了解儿童的身心发展特点及认知方式、学习方式和品德行为养成规律<br>2. 了解教育的一般原理和方法<br>3. 了解体育学科的教学内容和方法 | 儿童身体成长规律<br>儿童心理发展与教育<br>儿童动作技能学习规律<br>教育基础理论<br>教育心理学基础<br>儿童健康教育知识<br>学校体育基本理论<br>体育教学基本理论与方法<br>课外锻炼与训练竞赛的基本理论与方法<br>基础教育体育课程标准与教材研究 |
| 教育能力 | 1. 掌握教师必备的基本技能 | 班级管理<br>教师语言<br>现代（体育）教育技术应用<br>团队沟通与协作 |

续 表

| 维度 | 具体目标 | 课程内容模块 |
| --- | --- | --- |
| 教育能力 | 2. 掌握体育教学的技能 | 体育教学设计<br>体育教学实施<br>教学环境营造<br>体育教学评价<br>体育课程资源开发<br>运动项目教学法<br>处理突发事件（运动急救）<br>体育游戏的开发与应用<br>体育教育研究方法 |
| | 3. 通过教育实践提升综合教育能力 | 课堂模拟教学<br>案例分析<br>中小学体育课观摩<br>中小学体育课教学<br>运动项目组织竞赛与裁判<br>运动项目训练<br>中小学日常活动参与和组织 |

## 7.4 遵循制度演变内在逻辑，加强制度改革的“自组织”建设

根据唯物辩证法理论，事物的发展是内因和外因共同作用的结果。职前体育教师教育制度改革，既要满足社会政治、经济、文化发展的外部需求，更要遵循自身发展规律，注重自组织建设。“自组织”是相对于他组织而言的，体育教师教育制度系统内部的自组织力越强，向前发展的动力越强。自组织理论主要包含以下几层意蕴。

一是，与他组织相对应，重视组织过程中的自发性和自觉性。职前体育教师教育制度改革，首先源于体育教师的内生价值诉求，形成自下而上的改革。体育教师教育内容和方法改革，必须经过充分的实践调研，否则会丧失生命力，甚至会造成一线体育教师负面情绪的蔓延。

二是，自组织理论与分离、瓦解相对应，强调联结、组合等组织形式。其中，有效的“目标引领”是职前体育教师教育制度系统内部协统整合的关键。体育

教育专业人才培养目标应该与就业导向和体育教育专业课程设置相适应。回顾我国改革开放后的四次体育（教育）专业课程改革，每次课程改革都提出了新的培养目标、教育思想，然而课程结构并无实质性改变。“通才还是专才”教育争论使得“宽口径、广适应”的复合型人才培养目标饱受诟病，新时期职前体育教师教育人才培养目标定位于“专业素质突出的复合型人才”是一种比较好的选择，重点在于培养高素质的专业化体育教师，毕竟中小学仍然是体育教育专业人才的主要就业去向。

三是，自组织理论强调无序到有序、低级到高级的演进机制。诸如叶圣陶先生所言，教育像农业而不像工业，是慢的艺术。虽然众多专家学者对职前体育教师教育制度进行了深入研究，比如王健教授早在1998年撰写的《高等体育教育专业的发展及其课程体系分析》一文中，回顾了国内外体育教育专业目标指向、课程结构，提出正确比较国内外同类专业课程结构并科学借鉴必不可少。黄爱峰教授主编的《体育教师教育的专业化研究》，根据体育教师职前教育所涉及的典型问题（“体育教育类课程”和“术科”课程），指出体育教师教育课程内容体系构建应首先明确“专业”定向，“学会教学”是体育教师专业化的着力点，最后提出专业化是21世纪体育教师持续发展的生命力，可谓早期体育教师教育研究领域的集大成之作。尹志华博士的学位论文《中国体育教师专业标准体系的探索性研究》，系统地梳理了国内外体育教师专业标准（专业素质要求）演进脉络，调查了中国体育教师专业标准制定的相关问题，形成了中国职前体育教师专业标准（讨论稿），开发了基于该标准的职前体育教师质量认证程序，在体育教师专业标准研究领域是具有开创性的。此外，还有众多学者对我国职前体育教师教育制度进行了深入研究。

总体而言，前期研究虽然取得了一定成就，但体育教师教育制度建设是一个庞大体系，需要进行系统性建构。目前，我国职前体育教师教育制度研究仍然处于理论性建构阶段，与实践难以有效交汇，基于制度建设进行有效改革更是任重而道远。因此，现代职前体育教师教育制度改革应吸取前期的经验教训，以渐进性改革为主，而不是整体性快速推进。

## 7.5　加强国际经验引介，推进体育教师教育制度的“中国化”建设

1990年后，我国教师教育由借鉴欧美国家经验转向自我重构，欧美国家的先进经验为我国体育教师教育发展提供了良好的借鉴，但体育教师教育制度建设与创新，不应该简单复制国外的模式，而应该根植于我们自己的文化根基，走“和而不同”的“中国化”发展道路。毕竟，国外体育教师教育改革是在自身文化背景和教育背景下进行的。美国的中小学体育课堂贴近生活，而中国的中小学体育课堂以术科教学为主。体育教师教育课程中术科和学科学时所占比例是不一样的。有学者提出，将来中国体育教师教育课程制度改革应减少术科课时数量，这在国内体育教育专业学生术科能力下降的情况下是不切合实际的。那么“中国化”主要体现在哪里呢？其基本体现为，独特的职前体育教师教育制度历史文化环境和独特的社会现实条件，决定了独特的职前体育教师教育制度改革进程。独特的职前体育教师教育制度历史文化环境是指，历史上我国职前体育教师教育制度改革的最大动力来源是国家变革的外部需求，具有“后发外生”型的特点，引进得多，内生得少。独特的社会现实条件是指中国处于后发外生型社会，职前体育教师教育制度改革仍然处于经验化探索阶段，切忌盲目照搬照抄国外的现代化制度。独特的职前体育教师教育制度改革进程是指，当今中国的职前体育教师教育制度改革，应将中国的体育教师教育发展进程与西方的现代性教育制度进行有机整合。我国体育教师专业标准体系还不完善，国外的研究思路、工具和方法可为我们提供一个好的借鉴，但标准体系制定的内容必须与中国实践相结合，充分结合当前我国的社会背景，适合外国教师的不一定适合中国教师。职前体育教师教育制度改革，应该分层次、分阶段进行，避免“邯郸学步”。

同时，构建以市场为导向的多元开放型体育教师教育制度需要从以下几个方面来建构。

### 7.5.1 体育师资培训是面向体育教师的

体育师资培训不是以政府为导向，而是以市场为导向，这是其发展的基本趋势。“市场”是一种经济概念，其涉及商品的交易。虽然教师教育并非纯商品交易的范畴，然而，也体现出了供应和需求之间的一种关系。从各大高校角度分析，事实上有直接的教师教育供应者，而政府、幼儿园和其他中小学则是教师教育的主要消费者。基于这样的供求关系，以及在计划经济时期背景下，供给与需求的调整及扩展依靠政府的教育政策或计划来进行，而在社会主义市场经济中，供给与需求的调整及扩展已不再单纯依靠政府来维持，而是以利益为主导。教师教育的供给方认为，通过提供教师教育服务可以得到报酬，而需要的人则可以通过其服务获取知识、技能和资格，从而使自身受益。这就是所谓的“卖者”与“买者”之间的关系。卖方市场是高校和其他教师教育机构，买方市场是政府、幼儿园、中小学校、中等职业学校和各种教育机构，以及准备当教师、准备就学的教师。教师教育的买方市场需求巨大且不断增长，永不枯竭，教师教育部门只要能满足人民的需要，就能从中获利。从某种意义上讲，教师教育的买方市场就是一个“教师市场”。人们是否想要成为一名教师，或者选择师范教育专业，这与行政命令无关，其取决于教师市场的变动，同时，教师市场的变动也必然导致政府在师资培训上的投入发生改变。因此，随着教师市场的变动，教师教育的发展也将随之发生改变。我国的师资培训体系是面向市场而非面向政府的。既然以市场为主导，就需要按照市场的法则建立教师教育制度。市场的基本法则是自主、竞争、公平、开放。

首先，市场的买者和卖者都是市场的主体，是自主的。对一所高等学校来说，它是教师教育的提供者，自主地根据市场的变化招收学生、设置专业、设计课程等；教师教育的购买者也同样是自主的，他们可以根据自己的需要选择高等学校读他愿意读的教师教育专业。买者和卖者都是自主行为的主体。

其次，无论是买方之间还是卖方之间都存在竞争，买方竞争那些质量高的学校，比如优秀毕业生都愿意报考北京大学和清华大学，而不愿意报考质量差的学校；卖方竞争更多、更好的生源。比如清华大学在全国挑选优秀考生。因此，高校的办学效果愈好，其未来的发展就愈好；反之，办学效果差又不想办法改善，则会愈办愈糟，最终倒闭。竞争既是一种压力，也是一种激励。以前，高等师范院校由国家主办，没有竞争，这种情况必须加以改变。只有通过竞争，高校的教育和教学水平才能得到提升。

再次，供需双方或者买方都要依法进行公平的交易。不管是竞争或购买，都要公正。这一公平首先表现在买卖双方的关系中。买方要尊敬卖方，卖方也要尊敬买方。例如，学校与教师应该尊重学生，学生也应该尊重学校和教师。客户与提供服务的人是平等的，相互之间谁都不是谁的"上帝"。

最后，市场是公开的，只有公开的市场，才会吸引到买家和卖家。同时，也开放了师资培训市场，让有条件的高校开设师资教育专业。在社会主义市场经济的背景下，教师教育的发展是客观的、必要的。可以把综合性大学和理工大学都动员起来，进行师资培训，这对推动我国教师教育事业的发展具有重要意义。

教师教育实行的是市场机制。目前，我国的教师教育存在三种不同的市场形态：完全的自由市场、有限的市场和垄断的市场。完全的自由市场是个很好的状况，但是并不现实。垄断市场是不能容忍的，因为它会出现欺行霸市、打压竞争对手的发展、抬高价格、伤害消费者、违背市场经济规律的现象。仅让高等师范院校开办师资培训，而不让其他综合性高校开办，不仅限制了需要者的选择，而且还制约了综合型高校对师资培养的正面影响。政府既要维护人民的权益，又要促进国家的发展，就必须要对垄断行为进行制约。另外一种模式就是有限的市场。它并非完全的自由或垄断，而是一个在法律与政策约束下的有限市场。有限市场是一种法律制度，其具有法律效力，并在政府的引导下运作。由于教师教育是一项公益事业，其教学活动必然要体现社会的利益，因此，教师教育的发展要靠国家的计划来引导，而不能做到绝对的自由化。

### 7.5.2　法律制度的规范

国家的法规和政策规范是教师教育制度改革的基本依据。以法治教是世界各国教育发展的基本措施，中国的教育发展也必须采取法律的手段。继 1980 年《中华人民共和国学位条例》第一部教育法律颁布以来，目前中国已经颁布了多部教育法律，如《中华人民共和国义务教育法》《中华人民共和国未成年人保护法》《中华人民共和国教育法》《中华人民共和国教师法》《中华人民共和国职业教育法》《中华人民共和国高等教育法》以及有关教育的各种条例和教育法律法规的实施细则等。其中不少条款涉及教师与教师教育，为教师教育的法治化提供了初步的条件。比如《中华人民共和国教育法》第四章第三十四条提出：“国家实行教师资格、职务、聘任制度，通过考核、奖励、培养和培训，提高教师素质，加强教师队伍建设。”这些法律法规为中国教师教育发展起到了重要的保障作用。中国还会颁布更多的教育法律法规并对原有的教育法律法规进行修订，在教师教育方面，将会有更多的法律法规出台，以保障以市场为导向的多元开放的教师教育体制良性运行。同时还需要以法律的形式规范教师教育的经费投入形式。这些法律法规可以明确规范各类教师培养方面的要求、培养教师的教育机构的条件以及国家对教师教育的投资等。

## 7.6 加强动力机制构建，优化职前体育教师教育系统结构

“机制”最早是自然科学术语，随着社会的发展逐渐演化至社会科学当中，现已广泛应用于自然现象和社会现象的描述中。对于本研究而言，借鉴动力机制理论的意义主要体现在以下两点：其一，职前体育教师教育是一项系统的社会工程，从动力机制理论出发，可以更加清楚地了解体育教师教育动力的产生及动力机制运作过程，促进职前体育教师教育的改革和发展；其二，目前体育教师教育存在的问题很多，但这些问题不是孤立存在的，而是具有一定的逻辑关系。本研究将动力机制理论作为分析解决问题的逻辑框架，能够使得解决问题的思路更加清晰。职前体育教师动力机制运作过程主要包括动力源开发、动力转化、动力培育、动力生成与反馈四个环节，见图 7–2。

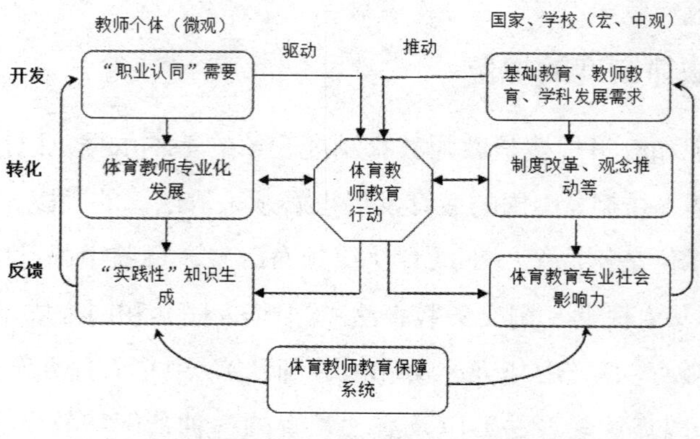


图 7–2　职前体育教师教育动力机制的生成与反馈

### 7.6.1 动力源开发：促进职前体育教师的“自我实现”

现代学校致力于知识教育，忽略了人们接受教育的内在动力，诸如人格修养、自我超越等层面。我国学校体育实践表明，仅仅依靠法律、政策推动，难以完全解决学校体育中存在的诸多实际问题，尤其是关涉人的价值取向及行为逾越的问题。在体育教师职前培养的过程中，注重对职前体育教师专业信念的强化和渗透，形成良好的情感依附是职前体育教师“自我实现”的前提。目前，职前体育教师“自我实现”的缺失源于当今社会价值观的冲突。价值观是指在特定的社会条件下，人们对一切问题所持有的立场、观点、态度的总和，是在人的精神世界中“我应如此做，人生才有价值”的精神引导。现行的体育教师教育课程体系构建整体上遵循学科逻辑，强调价值中立，侧重运动技能等外显性知识教育环节，对学生价值观、思维模式、审美方式等方面的培养，处于一种“式微状态”。然而，教育归根结底指的是精神影响，纯粹的身体影响不是“教育”。体育教师教育课程教给学生的不能仅是运动知识和技能，更重要的是健全人格方面的培育。课程内容需要融合人文知识。人文素养培养一般包括教师认同、教师美德、教师使命三个层次。体育教育专业课程可在体育教育课程体系完善的基础上，加强课程内容的人本化建设，进一步重视设置职业道德与人文素养相关课程，使体育教育专业学生树立正确的自我发展意识，增强责任感和职业使命感。同时，国家在战略层面上构建动态的专业发展标准，通过职前体育教师职业认同量表的制定等措施，促进职前体育教师的“自我实现”。

### 7.6.2 动力转化：以课程制度的有效呈现为催化剂

动力转化是将潜在的动力转换为现实的动力。如前文所言，决策环节在“需要—社会行动”转化链条中，处于转换过程的中枢环节，决策环节的缺失将会导致转化链条衔接不畅。根据美国道格拉斯·诺斯的“制度变迁理论”，当外界环境发生变化及现存制度不能满足人们需求时，就会发生制度变迁。因此，在目前体育教育专业社会地位弱化，以及中小学体育教育课程改革的现实面前，体育教师教育制度改革迫在眉睫，课程制度作为教育制度的下位制度首当其冲。体育教师教育课程制度是指国家或实施体育教师培养的机构对体育教师培养课程结构、模式、类型和设置的规定。目前，职前体育教师教育课程制度的改革需要处理好以下几个问题。

第一，课程结构亟须优化，增加体育教学教法课程。在教师教育专业化背景下，原有课程体系下的体育教师专业素质已经不能适应时代的需要，体育教师专业化知识结构不完整。体育教育专业的专业性在于“体育教育”，因此，支撑这个学科的（课程）理应是体育教育学（课程）。《全国普通高等学校体育教育专业本科专业课程方案》中列举了142门课程，其中只有48门课程与体育教学相关。建议专业性的体育教师教育课程体系应该囊括：一般教育学类课程、学科教育学类课程、术科专项课程、教育实习类课程四个方面。此外，如何有效调整学科和术科比例的问题一直悬而未决。术科是体育教师的看家本领，不得有失，但是我们在教学中不能停留于学生模仿阶段，应做到让学生“知其然并知其所以然”，注重技能以外的学科理论知识，特别是教育学、心理学知识的传授。

第二，拓展健康管理课程。在1934年国民政府教育部公布的《国民体育实施方案》中，已出现健康教育课程。随着健康中国以及全民健身战略的提出，体育教师在学生身心健康方面，需要承担更多的使命。何为健康管理？台湾省将健康管理教材分为运动保健（含健康体能内容）、运动安全、运动与营养、运动与体重控制、运动伤害与急救、运动处方制定等。著名体育学家林笑峰先生曾言，健身运动处方是体育科学化的基本标志，因此职前体育教师健康管理课程建设应以健身运动处方为基础进行构建。

第三，针对一些高校普遍面临的“如何保持学科特性与增强社会适应能力之间的矛盾”，我们应该在保持学科特性、提高社会适应能力的基础上，提高地方学校办学的自主性，针对不同层次高校构建不同的体育课程制度。

### 7.6.3 动力培育：体育教师“实践性知识”的生成

体育教育专业是实践的专业，职前体育教师的专业发展必须落实到教师“育人实践”能力的提升上。只有扎根实践，才能培育出体育教育工作者独特的情怀气质。体育教师专业发展价值取向应该实现由“运动技能”取向到“教育实践”取向的转变。传统的体育教师教育习惯于灌输式教育，宏观理论多，缺乏实践环节，这与体育教师专业特色不符。部分学生接受长达十几年的体育教学，在走向工作岗位之后，却对运动技能一无所获，应引起我们的反思！问题到底出在哪里呢？究其原因，教材的低级重复、无序排列是主要问题点。除此之外，体育教师的执教能力难辞其咎，我们需要反思自己在教学实践中存在的问题，如教学方法的运用是否合理，教学规律是否已有效把握。毕竟，体育教学的实践并非单纯的学科理论知识与运动技术的简单相加，知识和能力并非一一对应，体育教师教学能力的获得需要在实践中实现。"学会教学"是时代的要求，这就要求在职前体育教师培养的过程中，一方面，以解决教学实践问题为出发点，不断进行教学反思，注重行动研究，培养学生解决实践问题的能力。另一方面，建设"实践取向"的案例课程，突出实操环节，增加实践性的教育实习。积极采取展示汇报、个案教学等课内外深度融合的教学模式，以提升职前体育教师的育人实践能力。

### 7.6.4　动力生成：形成一体两翼的价值格局

体育教育专业人才培养在我国已有百余年的历史，每个年代均呈现出了不同的价值主导特征。体育教师培养目标经历了《奏定学堂章程》下的"兵式体操教员"培养目标，具有明显的国家政治取向；中华人民共和国成立后，强身救国思想下的"运动技能取向"培养目标，主要以学科发展为推手；后来，随着《关于"十一五"期间教师教育改革与发展的意见》的颁布，注重教师的"教育教学能力"，体育教师教育的育人价值凸显。新时期，职前体育教育发展动力的生成应当融合多元价值，积极探索以"体育教育专业学生人本价值体现为一体，以学科发展价值和社会服务价值为两翼"的价值格局。以个体人本价值为本，在人才培养过程中，充分发挥职前体育教师的主体性，注重人本主义教育，关注人格的培养，形成有效的实践教学能力。学科发展价值为一"翼"，即指以体育教育专业学科发展为源，加强教材建设，完善课程制度，建构完善的体育教育学学科发展理论体系。以社会服务价值为另一"翼"，即指体育教育专业人才培养最终要走向生活化，接受社会的检验，满足社会的需求。根据学校类型科学定位人才培养模式，设定适合各级各类学校的体育教师的培养计划和标准。综合大学、一流体育大学主要以培养"应用型"和"基础性、学术型"相结合的人才为主，既强调应用性，又兼顾基础性、研究性；师范院校主要以培养"应用型人才"为主，突出师范性、实用性；体育院校特别是地方体育院校重点以培养"应用型"人才为主，突出技术性、专业性；高等职业本科院校重点培养“技术技能型人才”，突出可操作性、技能性、实用性。职前体育教师教育改革动力的生成，需要寻求社会服务价值、个体人本价值和学科发展价值之间的和谐，达到三赢的目的。

## 7.7 加强体育教师专业标准建设，促进体育教师的专业发展

2018 年 1 月，中共中央、国务院印发《关于全面深化新时代教师队伍建设改革的意见》，明确提出“严格教师准入，提高入职标准”这一要求，不仅进一步延续了近年来国家推进教师教育标准化建设的基本思路，而且将教师教育标准化要求上升为国家战略。职前阶段是教师成长的起点，这一阶段的培养质量决定着教师的素质基础和可持续发展能力，因此，制定和实施严格的职前教师专业标准是国际教师教育的基本举措，也是我国近年来教育部的工作重点，与世界其他国家相比，加拿大重视标准导向的教育工作，教育质量首屈一指，其在职前体育教师专业标准建设方面也走出了一条特色之路。尹志华博士对加拿大职前体育教师专业标准制定的依据、具体构成及其应用情况进行了分析，详情见表 7−2 和表 7−3。

表 7−2　加拿大安大略省教师专业标准基本框架

| 标准类型 | 总体目标与维度 | 具体要求 |
|---|---|---|
| 教师专业实践标准 | 教师教学实践标准的总体目标 | 1. 激励教师分享关于教学的专业理念；<br>2. 识别教学所独有的价值观、知识和技能；<br>3. 引导职业的专业判断和行动；<br>4. 形成关于如何理解专业教学的共同话语 |
| | 维度一：学生学习 | 教师致力于关心学生和完成对学生的承诺。他们公平对待和尊重学生，对影响学生个体发展的因素保持敏感性。教师能够促进学生发展，并为之成为加拿大的合格公民而做出贡献 |

续　表

| 标准类型 | 总体目标与维度 | 具体要求 |
|---|---|---|
| 教师专业实践标准 | 维度二：专业知识 | 教师努力学习当前的专业知识，并了解这些知识与专业实践之间的关系。他们了解学生的发展、学习理论、教学法、相关政策与法律，从而为他们在教学实践中的专业决策做好准备 |
| | 维度三：专业实践 | 教师通过应用专业知识促进学生的学习。他们在教学准备的过程中能够选择合适的教学法、评价与评估手段、资源和技术，从而满足个体和团体的需求。教师通过持续的探究、对话与反思而重构自己的专业实践 |
| | 维度四：学习共同体中的领导力 | 教师积极帮助学生创设学习共同体 |
| | 维度五：持续的专业学习 | 教师意识到可持续的专业学习是有效地开展专业实践和促进学生学习的重要组成部分，体验、研究、合作与知识对于专业实践和自我引导非常重要 |
| 教师专业伦理标准 | 教师专业伦理标准的总体目标 | 1．激励教师维护教师职业的荣誉和尊严；<br>2．识别教师职业中的道德责任与承诺；<br>3．引导教师在教学过程中做出符合道德的决策和行动；<br>4．促进公众对教师职业的信任 |
| | 维度一：关怀 | 为了促进学生未来的发展，教师要热心、宽容，有兴趣和洞察力。教师通过自己在教学实践中的专业判断和移情，促进学生幸福感的增强 |
| | 维度二：尊重 | 尊重的本质体现为信任和公正。教师应该学会尊重人 |
| | 维度三：信任 | 信任的本质体现为公平、公开和诚实。教师与学生之间的良好关系建立在信任的基础之上 |
| | 维度四：正直 | 正直的本质体现为诚实、可靠和符合道德的行动。持续的反思有助于增强教师的责任感 |

表 7–3　加拿大职前体育教师专业标准框架

| 标准维度 | 具体要求 |
| --- | --- |
| 维度一：专业结构 | 1. 结构：4 年制的体育教师教育专业，至少要学习 40 门课程。在魁北克地区，3 年制的体育教师教育专业需要拥有 2 年的“普通教育和职业教育学院”学习经历，同时至少学习 30 门课程 |
| | 2. 课程宽度：针对本科的体育教师教育专业，至少要求 50% 的课程是体育教育的专业类课程。对于超过 4 年的专业，至少要保证开设 20 门以上的体育教育专业类课程 |
| | 3. 课程深度：至少要开设 4 门体育教育类的高级别课程，课程级别的高低由专业本身的使命来决定 |
| | 4. 教职员工：至少 25% 的课程由全职的体育专业类教师授课 |
| 维度二：学科知识与技能 | 1. 职前体育教师能够使用自然科学、社会科学和人文科学的原则来分析运动；能够参与学科领域不同理念和观点的探究 |
| | 2. 职前体育教师需要学习以下学科类课程：人体解剖学、人体生理学、运动生理学、生物力学、动作学习与动作控制、体育心理学以及 2 门有关社会科学或人文科学的课程（总共 8 门课程）。社会或者人文科学类课程必须与运动相关 |

续　表

| 标准维度 | 具体要求 |
|---|---|
| 维度三：运动知识与技能 | 1. 职前体育教师能够描述和展示与基本活动、游戏、运动、舞蹈、户外活动、运动和健康体适能相关的基本技术、策略和安全要素 |
| | 2. 职前体育教师需要学习以下运动类课程：在多元环境中的正式游戏、运动和身体活动；舞蹈；基本运动（如田径、体操）；娱乐与休闲；与运动和健康相关的体适能。这些课程应该包括那些地方性课程。另外，运动类课程要求学习教学策略和运动分析两部分内容 |
| 维度四：健康知识与技能 | 1. 职前体育教师能够为了促进终身学习而设计合适的健康教学，促进个体和团体的健康 |
| | 2. 职前体育教师需要学习健康类课程，包括 2 门课程，即健康教育、成长与发展 |
| 维度五：关于特殊人群的知识与技能 | 1. 职前体育教师应能够识别多样化的学习需求，使用相应的教学策略从而最大化地满足学生的学习需求 |
| | 2. 职前体育教师需要学习以下特殊课程：一门有关特殊人群的体育教育类课程 |
| 维度六：体育教育方向的知识与技能 | 1. 职前体育教师能够选择大学和各个省需要的课程，从而满足获得教育学学士学位的基本要求 |
| | 2. 职前体育教师需要学习与专业相关的课程，体育教师教育专业要遵循各个省的规定，满足教育学院的要求 |

续 表

| 标准维度 | 具体要求 |
| --- | --- |
| 维度七：教学法知识与技能 | 1. 在教学策略方面，职前体育教师能够：在满足发展需求和安全教学的基础上，规划、管理、呈现和发展教学内容，设置课程目标，设计和实施教学策略；将学习环境与知识获得联系在一起；促进自我调控；使用激励性的策略从而促进终身体育活动的参与；发展交流策略，促进与学生、家长、学校管理者、同事、大型学习共同体的交流，从而促进体育活动参与 |
|  | 2. 在学习评价／反思教学方面，职前体育教师能够：使用正式和非正式的评价技术；设定教师自我评价策略和教师同行评价策略；对评价方法进行评价；基于教学有效性而进行自我反思 |
|  | 3. 在教师专业发展方面，职前体育教师能够：通过国家层面和省级层面的专业组织促进自我和他人的专业发展；通过参加专业会议、在职和继续教育等促进自身发展；发展伙伴关系而促进体育教育和健康教育的发展 |

### 7.7.1 搭建“宏观—中观—微观”三层级的体育教师专业标准顶层框架

近年来，我国快速推进教师专业标准建设，先后颁布了《教师专业标准（试行）》《义务教育学校校长专业标准》《中等职业学校教师专业标准（试行）》《中小学教师信息技术应用能力标准（试行）》《幼儿园园长专业标准》《中等职业学校校长专业标准》《普通高中校长专业标准》《特殊教育教师专业标准（试行）》等。这虽然很好地体现了国家对教师教育标准化的重视，但这些标准均是通用性教师专业标准，由于各学科教师间的差异较大，这些标准的针对性和指向性非常有限。

因此，国家应研制并颁布包括体育教师专业标准在内的具有学科取向的教师专业标准，从而对各学科教师队伍建设产生有针对性的引领作用。

要研制体育教师专业标准，关键在于要搭建体育教师专业标准顶层框架，做好顶层设计。从加拿大的经验来看，实际上该国已形成了“普通教师专业标准—全国协会的职前体育教师专业标准—大学的职前体育教师专业标准”这一从宏观到微观的体育教师专业标准体系，三个不同层次的专业标准“各司其职”。其中，普通教师专业标准面向包括体育教师在内的全国教师，旨在提供宏观指导；全国协会的职前体育教师专业标准面向全国各大学培养的职前体育教师，具有鲜明的学科特色；各大学的职前体育教师专业标准面向所在的大学，具有鲜明的学校特色。因此，搭建“宏观—中观—微观”三层级的体育教师专业标准顶层框架是未来的发展方向。

我国已在第一层次形成了体系完整的通用教师专业标准，但缺乏体育教师领域的第二和第三层次的教师专业标准。因此，结合实际情况和加拿大的经验，未来我国应积极打造“教师专业标准—体育教师专业标准—各大学更加细化的体育教师专业标准”三层级标准体系，以充分发挥不同级别标准体系的作用。

首先，在宏观层次以国家颁布的教师专业标准为准。

其次，中观层次应主要由教育部组织体育领域的国家级专业协会在开展大规模调研基础上，结合通用教师专业标准的要求并考虑我国幅员辽阔、教师数量众多且质量参差不齐的特点，形成普适性、具有学科取向和能够满足基本要求的体育教师专业标准。在这一过程中，可借鉴加拿大高校体育教育与运动学协会（CCUPEKA）的经验，最大限度地发挥全国高等学校体育教学指导委员会、中国体育科学学会学校体育分会、中国教育学会体育与卫生分会、中国高等教育学会体育专业委员会等专业协会的作用。教育部主要提供宏观指导，具体工作由专业协会负责，以保证专业标准本身的权威性和“去行政化”。

最后，对于微观层面，各个大学层面的体育教师专业标准，要充分考虑到学校级别、历史、特色、培养目标、条件资源等实际情况，进一步细化体育教师专业标准的内容和指标，在满足国家层面基本要求的基础上尽可能提出更高要求。唯有如此，才能真正将教师专业标准所产生的作用落实到每一位体育教师身上。

### 7.7.2 在专业标准中及时回应新时代体育教育使命与担当的关注点

体育教师专业标准是为体育教师队伍建设服务的，而体育教师则要服务于新时代体育教育的发展。作为指向特殊使命的体育教师专业标准，其肩负着推动体育教育发展的“时代使命”与“学科使命”，需要直面时代变迁对体育教育的迫切需求，并做出回应时代境况的“承诺”与“担当”。加拿大职前体育教师专业标准关注体育教育现实需求的表现之一就是注重体育教师教学能力的培养，这与如前文所述的该国体育教师培养的独特需求密不可分。基于此，从体育教师专业标准的内容体系来讲，除了要大致符合通用教师专业标准的基本内容要求外，还应该及时回应新时代体育教育使命与担当的关注点。当前世界各国教师专业标准在内容上基本遵循专业品质（愿持）、专业知识（应知）和专业实践（会做）的三维结构，中国通用教师专业标准的三个维度应符合这一要求。从这个角度而言，体育教师专业标准在这三个内容维度上都应该重点关注新时代体育教育的现实需求。

首先，在专业品质（愿持）方面，主要是指体育教师应具备的高尚的道德情操和对学生的尊重等。在当前现实背景下，体育教师专业标准应在专业品质中着重突出体育教师师德师风建设的重大需求。之所以需要突出师德师风，一是因为国家对教师的师德师风建设提出了严格要求，不仅习近平总书记在关于教育的重要论述中频繁提及，而且教育部等七部门还印发了《关于加强和改进新时代师德师风建设的意见》的通知，并在全国建立了一批师德师风建设基地，这实际上凸显了“立德树人”在教师队伍建设中的落地；二是相比于其他学科教师，体育教师长期面临的“污名化”“边缘化”等现象极为严重，这些观念带着固有的偏见，但在某种程度上也体现了体育教师在师德师风方面有较大的提升空间。

其次，在专业知识（应知）层面，主要是指体育教师应该具备的体育专业知识与技能。从当前现实需求来看，基于核心素养的体育教育改革已经成为迫切需求。核心素养包括价值观念、精神品格与关键能力，是个体应该具备的结构化能力。因此，在专业知识层面，体育教师专业标准应该关注体育教师的核心素养，对体育教师应该具备的价值观念、精神品格与关键能力提出详细要求。只有体育教师具备了核心素养，才有可能培育学生的体育学科核心素养。

最后，在专业实践（会做）层面，主要是指体育教师的工作应该解决什么问题，即在实践层面能够通过开展体育教育而对学生的发展产生何种作用。众所周知，当前体育教育的主要任务是促进青少年学生的健康成长，在落实《“健康中国 2030”规划纲要》过程中发挥关键作用。换句话说，当前体育教师最应该解决的问题就是学生的健康问题。因此，基于学生健康素养的生成而推进体育教师教育范式转变迫在眉睫。在体育教师专业标准的专业实践层面，应该重点关注体育教师解决健康问题的实践能力。

### 7.7.3　以“一流课程”建设为依托，提供达到专业标准要求的关键培养载体

从体育教师专业标准的本质来看，其提供了一个完整的体育教师作为专业人员应该具备的专业素养的全面要求，然后各个机构再根据这一要求来评估教师是否达到了相应的要求。当前世界上绝大多数教师专业标准本身比较完善，但存在的最大问题就是缺乏达到体育教师标准要求的培养载体，即为了达到这样的要求，应该设置什么样的课程和提供什么样的资源等。加拿大的经验值得借鉴，在 CCUPEKA 的职前体育教师专业标准的 7 个维度中，对每一条标准维度应该设置何种课程都提出了明确要求。例如：为了让职前体育教师具备“运动知识与技能”，则提出要设置“在多元环境中的正式游戏、运动和身体活动；舞蹈；基本运动（如田径、体操）；娱乐与休闲；与运动和健康相关的体适能”，这为各大学在基于专业标准而培养职前体育教师上提供了指导。

实际上，各国普遍缺乏“达到体育教师专业标准要求的培养载体”反映了一个深层次的问题，即仍然将教师培养割裂开来。笔者曾提出中国体育教师教育标准体系的框架，包括体育教师专业标准、体育教师教育课程标准、体育教师教育机构认证标准和体育教师教育质量评估标准，从体育教师发展程度、发展载体、发展平台、发展质量的监控四个维度提出相应要求，从而为高质量的职前体育教师培养提供全方位的保障体系。我国在构建体育教师专业标准时，可以参考加拿大的经验，同时提供达到专业标准要求的培养载体。最关键的载体还在于课程，这在教育部 2019 年颁布的《关于一流本科课程建设的实施意见》中得以体现，即“课程是人才培养的核心要素，课程质量直接决定人才培养质

量”。因此，我国体育教师专业标准的建设，应提供配套的课程载体。当前国家大力推动混合式、虚拟仿真、社会实践等“一流课程”的建设，为建设一流体育教育课程、提供达到体育教师专业标准要求的关键培养载体奠定了基础。

### 7.7.4 以标准的认证为突破口，推动体育师范类专业人才培养改革

中国当前的教师教育呈现综合化和开放化的倾向，即我国教师的培养不再是师范类院校的“专利”，各个大学只要愿意参与教师教育工作，均可申请设立师范类专业培养教师。在教师教育综合化和开放化的过程中，传统师范类高校面临着极大的冲击和威胁，大量的非师范类大学开办师范类专业已经成为不可阻挡的发展趋势。实际上，很多没有教师培养经验的高校并不真正具备培养教师的能力和资源，再加上我国又缺乏系统的教师教育专业认证与质量评估体系，导致一小部分不合格的教师进入了中小学担任各学科教师，这对于我国基础教育造成的负面影响是巨大的。因此，在构建教师专业标准的基础上开展教师教育专业认证是今后的发展趋势，而一些西方国家已经基于专业标准的认证推进了体育教师教育人才培养改革。我国自 1993 年至 2015 年，体育教育专业从 68 个剧增到 317 个，其中大量高校原本只有公共体育，但为了大学发展和扩招，纷纷开设体育教育专业并动辄每年招收两三百个学生。试想，这些高校原本就缺乏教师培养经验和条件，再加上体育学科在高校整体被边缘化而极度缺乏资源，其培养的体育教师质量可想而知。为了摆脱这样的困境，一方面国家要出台体育教师专业标准，明确地告知各高校什么样的体育教师才是合格的，更重要的是要基于专业标准开展体育教育专业认证。

## 7.8 加强体育教师教育制度的标准化建设，实现内涵式发展

体育师资培养体系的内涵式发展是为了突出素质与效益，只有提高素质，确保效益，才能建立健全的体育师资队伍。要使我国的体育师资培养体系得到更好的发展，必须加强专业化、标准化的建设。任何一个行业在专业化发展的进程中，都有一个“半专业”的发展历程。教师是一种特殊的职业，是我国教育制度改

革的一个重要方面。专业的师资培训是培养体育人才的关键，教师专业化是体育教师队伍建设的必然要求。因此，要实现教师专业化，必须从根本上保障其发展，做到政策和制度制订的针对性，真正促进教师专业化发展。一方面，应不断地提升体育教师的职业素质与技能，并强化他们的训练；同时，要在职业教育、职后培训等领域加大促进力度。另一方面，还要促进师资培训体系的规范化。目前，我国教师队伍的规范化建设已经引起了社会各界的广泛关注，这也是今后教师教育改革的一个重要方向。实现教师教育体系的标准化，能保证我国教师教育目标的实现。

为了推动我国体育师资队伍的发展，必须建立健全的师资队伍。21 世纪以来，为了推进教师教育的改革，国家出台了多个关于师资培养的政策，这些政策从各个层面促成了我国目前的师资培养体制。当前，我国正在进行着一项重大的教育改革，在新的历史条件下，建立和健全现代师资体系，对新时期的师资队伍建设具有十分重要的意义。从我国目前体育教师职前培养和职后教育的政策等方面，可以看到，我国的师资教育体制已随时代的发展而增加了新的内容，并不断深化。我国的教师教育制度从制定到实施，政府、高校、中小学、教师各有不同的角色，各有不同的职能，正是这些职能明确、分工合理的群体和机构，造就了一支专业化、高素质的教师队伍。但是，在教师教育制度的具体落实、执行过程中，要准确定位，把握制度、政策的思想精神，从而产生更好的效益。当前，随着我国教育事业现代化的步伐不断推进，教师教育体系的建设必须凝聚各方的智慧，只有共同努力，才能使我国的体育师资队伍得到进一步的发展。

## 7.9　培育体育学科核心素养，实现体育教师的专业化发展

在培养体育学科核心素养的过程中，要使体育教师更好地融入课程改革之中，发现自身的不足，并在此基础上对自身的角色进行再认识和定位，从而在培养体育学科核心素养的过程中更好地发挥作用。当然，在体育学科核心素养体系建立之初，专家们对于体育学科核心素养的观念和看法各有差异，从这一点也足以看出体育教师对于体育学科核心素养的真正了解在体育教师的认知控制下，其主体意识很有可能湮没于专家的权威之中。

在新的课程改革要求当中，体育学科核心素养是改革当中最主要的一个产物。体育教师如果不能充分意识到课程改革的重要性，提升自身对课程改革的认知，那么即便是建设了非常完美、非常完善的体育学科核心素养培育体系，在实施过程中也会产生不理想的效果。每个体育教师都应积极主动地参与到体育学科核心素养体系的研制当中来，这就需要体育教师改变对于体育学科核心素养的看法和认知。在构建和研制体育学科核心素养体系过程中，要通过创建教学共同体的方式，积极鼓励所有有关参与者参与进来，共同解决体育学科核心素养体系实施过程中存在的各种问题。

对于每个体育教师而言，影响其学科核心素养水平的因素有很多种，比如体育教师的学术水平和专业水平。事实上，每一门不同的学科，都有自己专属的学科范围和特性，体育学科本身的特性就较为突出，其教学目的是增进学生健康，提高学生体质，让学生在经过体育学习以后掌握更多的运动技能，从而养成终身运动的习惯。对于每个学生而言，体育是一门养成教育类课程。在体育教学过程中，必须注重教学空间的开放性、教学内容的多样性。对于专业的体育教师而言，上好一堂体育课并不容易。因为体育教师除了要教会学生掌握基本的体育知识和技能，还要教会学生将体育理论和实践有机结合。

# 8 结　语

回顾我国职前体育教师教育制度演变的百年历程，不是为了褒贬古今，而是希望对我国现代职前体育教师教育制度改革有所启示。历史上我国职前体育教师教育制度演变深受社会政治、文化发展的影响，属于螺旋式发展历程，缺乏一定的连贯性。新时期，随着“基础教育课程改革”、“体育教师专业素养”以及“健康中国”的提出，现有的职前体育教师教育制度远不足以支持新的体育教师教育范式的形成和发展。我们必须客观了解职前体育教师教育制度演变的过程，确立制度育人的思想，从教师本位、时代需求出发，借鉴欧美国家的先进经验，在本土特色基础上进行“中国化”职前体育教师教育制度建设。

# 参考文献


[1] 林毅夫．关于制度变迁的经济学理论：诱导性变迁与强制性变迁[M]．上海：上海三联书店，1991．

[2] 康永久．教育制度的生成与变革 新制度教育学论纲[M]．北京：教育科学出版社，2003．

[3] 成都体育学院体育史研究所．中国近代体育史资料[M]．成都：四川教育出版社，1988．

[4] [美]克拉克·克尔著；王承绪译．高等教育不能回避历史：21世纪的问题[M]．杭州：浙江教育出版社，2001．

[5] 王健，黄爱峰，吴旭东．体育教师教育课程改革[M]．北京：人民体育出版社，2006．

[6] 吴彤．自组织方法论研究[M]．北京：清华大学出版社，2001．

[7] 黄爱峰．体育教师教育的专业化研究[M]．武汉：华中师范大学出版社，2007．

[8] 关北光．《教师教育课程标准》背景下高校体育教育专业与基础教育对接的策略[J]．体育学刊，2013，20（3）：75–77．

[9] 于素梅，石雷．体育教师教育教学能力阶段性结构体系建构[J]．南京体育学院学报（社会科学版），2009，23（5）：9–12．

[10] 冯霞．改革开放以来中国学校体育改革回顾：曲宗湖教授访谈录[J]．体育学刊，2007（9）：1–5．

[11] 唐炎．现行体育教育本科专业课程方案存在的问题与改进建议[J]．体育学刊，2014，21（2）：61–64．

[12] 李冬梅，王海静．新教师资格考试制度下体育教育专业的发展审思[J]．北京体育大学学报，2016，39（1）：96–101．

[13] 郭小聪．政府制度演变理论引入性思考[J]．武汉大学学报（社会科学版），

2003（5）：625–631.

[14] 许瑞勋，张建，段金霞．现行教育体制下体育教师培养的课程制度 [J]．广州体育学院学报，2007（5）：121–124.

[15] 赵进，周武．我国体育教师职前、职后教育的问题与出路 [J]．体育学刊，2016，23（5）：105–109.

[16] 王健，季浏．体育教师教育课程改革的专业化取向 [J]．上海体育学院学报，2008（32）：70–73.

[17] 陈福亮，季浏．教育变革时代的体育课程标准新形态：台湾高中体育课标的案例 [J]．北京体育大学学报，2016，39（5）：66–71.

[18] 王健．高等体育教育专业的发展及其课程体系分析 [J]．华中师范大学学报（人文社会科学版），1998（6）：124–130.

[19] 王健，黄爱峰，季浏．实用性与唯理性：体育教师教育实践观辨析 [J]．武汉体育学院学报，2007（11）：61–64.

[20] 于素梅，石雷．体育教师教育教学能力阶段性结构体系建构 [J]．南京体育学院学报（社会科学版），2009，23（5）：9–12.

[21] 尹志华．中国体育教师专业标准体系的探索性研究 [D]．上海：华东师范大学，2014.

# 附　录

## 附录 1：1949—2022 年我国中小学体育教师教育制度文本及活动一览

附表 1　1949—2022 年我国中小学体育教师教育制度文本及活动一览

| 时间 | 文件（活动）名称 | 颁布部门（活动地点） |
|---|---|---|
| 1951 年 | 第一次全国初等教育与师范教育会议召开 | 北京 |
| 1951 年 | 《关于改革学制的决定》 | 政务院 |
| 1952 年 | 《关于高等师范学校的规定》 | 教育部 |
| 1952 年 | 《师范学校暂行规程（草案）》 | 教育部 |
| 1952 年 | 《关于大量短期培养初级及中等师资的决定》 | 教育部 |
| 1952 年 | 中小学教育行政会议 | 教育部 |
| 1952 年 | 第一所体育学院成立 | 上海 |
| 1953 年 | 《关于 1953 年中等学校及小学教师在职业余学习的几件事项的通知》 | 教育部、财政部 |
| 1955 年 | 《教育部关于加强中等学校在职教师业余学习进修的指示》 | 教育部 |
| 1955 年 | 《关于加强小学在职教育业余文化补习的指示》 | 教育部 |
| 1957 年 | 《函授师范学校（师范学校函授部）、业余师范学校若干问题的规定》 | 教育部 |
| 1959 年 | 《关于培养中等学校师资工作的意见》 | 教育部、国家体委 |

续　表

| 时间 | 文件（活动）名称 | 颁布部门（活动地点） |
| --- | --- | --- |
| 1960 年 | 《体育学院师资培养教学计划》 | 教育部 |
| 1960 年 | 《关于迅速提高在职教师政治、文化、业务水平的初步意见（草稿）》 | 教育部 |
| 1960 年 | 全国师范教育改革座谈会 | 教育部 |
| 1961 年 | 《教育部直属高等学校暂行工作条例（草案）》 | 中共中央 |
| 1961 年 | 《关于保证中小学师资质量问题的两项通知》 | 教育部 |
| 1963 年 | 《高等师范院校体育系、科师资培养计划》 | 教育部 |
| 1963 年 | 《体育专业教学计划（草案）》 | 教育部 |
| 1966 年 | 《关于巩固提高耕读小学和农业中学的指示》 | 教育部 |
| 1971 年 | 全国教育工作会议召开 | 北京 |
| 1977 年 | 《关于加强中小学在职教师培训工作的意见》 | 教育部 |
| 1978 年 | 《教育部关于加强中小学教师队伍管理工作的意见》 | 国务院 |
| 1978 年 | 《教育部、国家体委、卫生部关于强化学校体育卫生工作的通知》 | 教育部、国家体委、卫生部 |
| 1978 年 | 《关于加强和发展师范教育的意见》 | 教育部 |
| 1978 年 | 《关于办好体育学院的意见》 | 国家体委 |
| 1979 年 | 《中小学体育工作暂行规定（试行草案）》 | 教育部、国家体委 |
| 1980 年 | 《关于普及小学教育若干问题的决定》 | 中共中央、国务院 |
| 1980 年 | 《关于进一步加强中小学在职教师培训工作的意见》 | 教育部 |

续 表

| 时间 | 文件（活动）名称 | 颁布部门（活动地点） |
|---|---|---|
| 1980 年 | 全国第四次师范教育工作会议 | 北京 |
| 1980 年 | 《体育学院体育系教学计划》 | 国家体委 |
| 1980 年 | 《高等师范学校体育系本科（4 年制）的教学计划（试行草案）》 | 教育部 |
| 1982 年 | 《关于加强教育学院建设若干问题的暂行规定》 | 教育部 |
| 1983 年 | 《关于加强小学在职教师进修工作的意见》 | 教育部 |
| 1983 年 | 《全国学校体育卫生工作的通知》 | 教育部 |
| 1985 年 | 《关于教育体制改革的决定》 | 中共中央 |
| 1986 年 | 《高师体育专业教学计划试点改革方案》 | 国家教委体卫司 |
| 1986 年 | 《关于加强中小学体育教师师资队伍建设的意见》 | 教育部 |
| 1986 年 | 《中华人民共和国义务教育法》 | 全国人民代表大会 |
| 1987 年 | 《普通高等学校函授教育暂行工作条例》 | 国家教委 |
| 1987 年 | 教育学院系统体育师资培训教学改革研讨会 | 重庆 |
| 1988 年 | 《全国普通高等学校体育本科专业目录》 | 国家教育委员会 |
| 1989 年 | 《电视师范教育管理办法（试行）》 | 国家教委 |
| 1990 年 | 《学校体育工作条例》 | 国家教委、国家体委 |
| 1990 年 | 《全国中小学教师继续教育工作座谈会会议纪要》 | 教育部 |
| 1991 年 | 《关于开展小学教师继续教育的意见》 | 国家教委 |
| 1992 年 | 《全国高等师范学校师资培训“八五”计划要点》 | 国家教委 |

续　表

| 时间 | 文件（活动）名称 | 颁布部门（活动地点） |
| --- | --- | --- |
| 1993 年 | 《中华人民共和国教师法》 | 全国人大常委会 |
| 1993 年 | 《中国教育改革与发展纲要》 | 中共中央、国务院 |
| 1993 年 | 《关于加强中等师范学校师资培训工作的通知》 | 教育部 |
| 1994 年 | 《关于开展小学初任教师试用期培训的意见》 | 国家教委 |
| 1994 年 | 全国学校体育教研员骨干培训班 | 福州 |
| 1995 年 | 《中华人民共和国教育法》 | 全国人民代表大会 |
| 1995 年 | 《中华人民共和国体育法》 | 全国人大常委会 |
| 1995 年 | 《教师资格条例》 | 国务院 |
| 1995 年 | 《关于高等师范院校设置非师范本科专业的几点意见》 | 国家教委办公厅 |
| 1996 年 | 第五次全国师范教育工作会议 | 北京 |
| 1996 年 | 《关于师范教育改革和发展的若干意见》 | 国家教委 |
| 1997 年 | 全国体育教育专业学生基本功大赛 | 上海师范大学 |
| 1998 年 | 《面向 21 世纪教育振兴行动计划》 | 全国代表大会 |
| 1998 年 | 《普通高等学校本科专业目录》 | 教育部 |
| 1999 年 | 《中共中央、国务院关于深化教育改革全面推进素质教育的决定》 | 中共中央、国务院 |
| 1999 年 | 《关于师范院校布局结构的调整的几点意见》 | 教育部 |
| 1999 年 | 《中小学体育骨干教师培训计划》 | 国家教委 |
| 1999 年 | 《中小学教师继续教育规定》 | 教育部 |

续 表

| 时间 | 文件（活动）名称 | 颁布部门（活动地点） |
| --- | --- | --- |
| 1999 年 | 《中小学教师继续教育工程方案》 | 教育部 |
| 2001 年 | 《国务院关于基础教育改革与发展的决定》 | 国务院 |
| 2001 年 | 《体育与健康课程标准（实验稿）》 | 教育部 |
| 2002 年 | 《关于推进教师教育技术信息化建设的意见》 | 教育部 |
| 2002 年 | 《关于“十五”期间教师教育改革与发展的意见》 | 教育部 |
| 2003 年 | 《全国普通高等学校体育教育本科专业课程方案》 | 教育部 |
| 2004 年 | 《中小学教师教育技术能力标准（试行）》 | 教育部 |
| 2004 年 | 《中华人民共和国民办教育促进法实施条例》 | 国务院 |
| 2004 年 | 《2003—2007 教育振兴行动计划》 | 教育部 |
| 2004 年 | 《普通高等学校体育教育本科专业各类主干课程教学指导纲要》 | 教育部办公厅 |
| 2005 年 | 《关于启动实施全国中小学教师教育技术能力建设计划的通知》 | 教育部 |
| 2007 年 | 师范生免费教育政策 | 教育部 |
| 2008 年 | 《关于组织实施西部初中骨干体育教师国家级培训的通知》 | 教育部办公厅 |
| 2010 年 | 《2010 年中小学教师国家级培训计划——示范性项目实施方案》 | 教育部 |
| 2010 年 | 《国家中长期教育改革和发展规划纲要（2010—2020 年）》 | 国务院 |
| 2011 年 | 《义务教育体育与健康课程标准》 | 教育部 |
| 2011 年 | 《关于大力加强中小学教师培训工作的意见》 | 教育部 |
| 2011 年 | 《教师教育课程标准（试行）》 | 教育部 |

续　表

| 时间 | 文件（活动）名称 | 颁布部门（活动地点） |
| --- | --- | --- |
| 2012 年 | 《小学教师专业标准（试行）》 | 教育部 |
| 2012 年 | 《中学教师专业标准（试行）》 | 教育部 |
| 2013 年 | 《关于深化中小学教师培训模式改革全面提升培训质量的指导意见》 | 教育部 |
| 2016 年 | 《“健康中国 2030”规划纲要》 | 中共中央、国务院 |
| 2016 年 | 《全国体育传统项目学校体育师资培训五年计划（2016—2020 年）》 | 国家体育总局办公厅、教育部办公厅 |
| 2016 年 | 《关于强化学校体育促进学生身心健康全面发展的意见》 | 国务院办公厅 |
| 2017 年 | 《学校体育美育兼职教师管理办法》 | 教育部 |
| 2017 年 | 《关于开展 2017 年全国体育传统项目学校体育师资培训的通知》 | 国家体育总局 |
| 2017 年 | 《普通高中体育与健康课程标准（2017 年版）》 | 教育部 |
| 2018 年 | 《教师教育振兴行动计划（2018—2022 年）》 | 教育部、国家发改委、财政部、人力资源和社会保障部、中央编办 |
| 2018 年 | 《关于实施“中小学教师国家级培训计划”的通知》 | 教育部、财政部 |
| 2018 年 | 《教育部直属师范大学师范生公费教育实施办法》 | 国务院办公厅 |
| 2018 年 | 全国教育大会 | 北京 |
| 2021 年 | 《〈体育与健康〉教学改革指导纲要（试行）》 | 教育部 |
| 2022 年 | 《体育与健康课程标准（2022 年版）》 | 教育部 |

# 附录 2：体育教育专业人才培养方案

## （专业代码：040201）

## 一、专业培养目标

本专业培养德、智、体、美全面发展，适应社会主义市场经济建设需要，掌握体育教育基本理论、知识、技能及工作规律，具备较强业务能力、综合素养、创新精神和团队协作意识的高素质应用型体育专门人才。

毕业生可从事学校体育教学、训练、竞赛，体育科学研究，学校体育管理，社会体育指导等工作。

## 二、专业培养要求

### （一）培养规格要求

1. 知识结构

①具有扎实的大学英语、计算机基础等专业必需的基础理论知识；

②掌握运动解剖学、运动生理学、体育保健学、学校体育学、体育教育学、体育心理学等专业基础知识；

③具有扎实的球类、田径类、体操类、民族民间传统体育类等专业理论知识；

④掌握体育管理及体育教研、科研等方面的知识。

2. 能力结构

（1）基本能力

具备运用辩证唯物主义的基本观点和方法去认识、分析和解决问题的能力；具备较强的语言及文字表达能力；能运用外语进行简单会话，能够阅读本专业外语期刊，并具有一定的听、说、读、写、译能力；具备利用计算机常用软件进行文字和信息处理的能力；具有掌握新知识、新技术的自学和继续学习及自主创业的能力；具有自尊、自爱、自律、自强的优良品格和人际交往能力。

（2）专业能力

具备依据实际情况组织教学、管理教学和提高教学的能力；具备本专业教育教学、体育管理、社会体育指导、训练及运动竞赛组织、体育科研等专业能力。职业技能达到国家有关部门规定的相应职业资格认证的要求或通过体育职业技能鉴定。

（3）综合能力

具有从事本专业相关职业活动所需要的方法能力、社会行为能力和创新能力；具有较强的组织和协调能力；具备将自身技能与群体技能融合以及积极探索、开拓进取、勇于创新、自主创业的能力；具有良好的社会公德、职业道德，以及安心教育、严格认真、求实守纪的敬业精神。

3. 素质结构

①具备良好的思想品德、行为规范以及职业道德；

②具备创新、实践、创业的体育素质；

③具备竞争意识、合作精神、坚强的毅力；

④具有健康的体魄、良好的体能和适应本岗位工作的身体素质和心理素质；

⑤具有良好的气质和形象，较强的语言与文字表达能力及人际沟通能力。

## （二）主要职业岗位关键能力、能力要素、课程对应关系表

附表 2　主要职业岗位关键能力、能力要素、课程对应关系表

<table>
<tr><th>序号</th><th>主要职业岗位描述</th><th>关键能力</th><th>能力要素</th><th>主要支撑课程</th></tr>
<tr><td rowspan="6">1</td><td rowspan="6">中小学体育教师</td><td rowspan="4">教育教学能力</td><td>语言及文字表达能力</td><td rowspan="6">基础教育学、心理学基础、中学体育教学研究与技能训练、学校体育学、中学体育教材教法、体育科学研究方法、体育教学理论与实践</td></tr>
<tr><td>教育、心理学的一般原理与方法的运用能力</td></tr>
<tr><td>教学设计、实施与评价能力</td></tr>
<tr><td>课外体育活动、课余体育训练和竞赛的组织能力</td></tr>
<tr><td rowspan="2">学校体育研究能力</td><td>学校体育教学研究能力</td></tr>
<tr><td>学校体育科学研究能力</td></tr>
</table>

续 表

| 序号 | 主要职业岗位描述 | 关键能力 | 能力要素 | 主要支撑课程 |
|---|---|---|---|---|
| 2 | 社会体育指导员 | 社会体育指导能力 | 指导社会体育活动的方法能力、社会行为能力和创新能力 | 体育管理学、运动处方、体育保健学、体育社会学、体育教学理论与实践 |
| | | | 运用指导大众体育、养生健身、休闲娱乐及特殊人群体育的技术与指导方法的能力 | |
| | | | 职业资格认证与鉴定能力 | |
| | | 社会体育组织、管理能力 | 社会体育活动的组织、管理能力 | |
| | | | 社会体育的咨询指导、经营开发等能力 | |
| 3 | 教练员 | 运动训练专业能力 | 科学选材能力 | 运动训练学、运动解剖学、运动营养学、体育保健学、体育管理学、体育教学理论与实践 |
| | | | 运动训练过程的组织、实施与管理的调控能力 | |
| | | | 运用运动训练的手段、方法，以及营养与恢复知识的能力 | |
| | | | 科研能力 | |
| | | 运动训练的组织、管理能力 | 组织、管理能力 | |
| | | | 统筹与协调能力 | |

## 三、主要支撑学科

教育学、体育学。

## 四、专业核心课程与特色课程

①专业核心课程：学校体育学、体育心理学、体育社会学、体育教学论、运动解剖学、运动生理学、运动生物化学、体育保健学、田径、体操、武术、球类（篮球、排球、足球）。

②特色课程：健美操、体育舞蹈。

## 五、主要实践教学环节

实践教学主要包括大学生职业发展与就业指导、军事理论与技能训练、教育实习与毕业论文、专业竞赛等诸多环节。

## 六、学制和学位

①学制：4 年，修业年限可为 3～6 年。

②学位：授予教育学学士学位。

## 七、毕业要求

本专业最低毕业学分：179.5 学分（包括集中安排的实践教学环节 28 学分）。应具备的专业实践能力不少于一项（以获取的岗位技能证书为依据，体育专业可获取的证书主要包括体育行业职业资格证书、体育职业技能鉴定等级证书、裁判员等级证书、社会体育指导员等级证书等）。

## 八、必要说明

①专业选修课：在第四学期前完成模块方向的选择，体育教学训练方向（模块一）和社会体育方向（模块二）任何一个方向选择人数低于 50 人时，则该年级学生不开设该方向，即只开设一个人数多的方向；一旦选择某个模块则必须修完该模块的所有课程，修满该模块的规定学分。专业选修包括：田径、篮球、排球、足球、体操、武术、健美操、体育舞蹈 8 门教学理论与实践课程，5～7 学期，216 学时，13.5 学分。

②专业任选课：运动生物化学、体育史、体育多媒体课件制作与应用、体育科学文献选读 4 门理论课程，第 5 至第 7 学期开课，限选 2 门，4 学分；保健气功、拳击、散打、跆拳道 4 门课程，以及手球、软式排球、舞龙舞狮、定向运动与野外生存等 4 门课程，分别在第 6、第 7 学期开课，各限选 2 门，共计 8 学分。

③专业技术技能各类选修，每门课程一个小班最低限报 15 人。各课程报名人数低于规定的低限，该课程不开设；学生应重选其他课程。如果报名人数超过该规定报名数的上限（25 人），且超出的人数达到最低限，可开设第二个选修班，达不到最低限，由开设课程的教研室决定。

## 九、特色课程简介

### （一）特色课程一

课程名称：健美操

学时：36

学分：2

开课学期：第3学期

主要内容：健美操课程是我国高校体育院系主干课程之一，已成为我国各级各类学校体育课或课外活动中一项深受师生欢迎的教学内容和锻炼项目。健美操丰富的内容和形式，对于丰富校园文化生活，提高学生的审美情趣，全面发展学生的身体素质，具有积极的推动作用。

健美操课程是体育学院有影响、有特色的一门品牌课程，深受广大学生的喜爱。我院体育教育专业开设了健美操普修、专修课程，健美操运动训练课程和健美操拓展课程。教学内容包括：大众健身操和健身理论与方法、竞技健美操运动训练方法与理论、健美操教学理论与方法、啦啦操、运动训练方法与理论、流行健身课程、健身俱乐部管理、健美操科研方法等。

### （二）特色课程二

课程名称：体育舞蹈

学时：36

学分：2

开课学期：第4学期

主要内容：体育舞蹈是男女两人或多人在舞曲的伴奏下，以优美的艺术舞姿为表现形式的一项运动，是人体形态美、个性美的最直接表现形式。在美的熏陶和享受中，塑造形象，抒发情感，陶冶情操，展示高雅气质和风度。主要教授内容为体育舞蹈的基本理论知识、竞赛规则、竞赛方法、摩登系列、拉丁系列等。更侧重培养气质风度和教授社交礼仪。通过学习掌握一定的表演技能，具备欣赏舞蹈美的能力。

体育舞蹈课程是体育学院有影响、有特色的一门品牌课程，深受广大学生的喜爱。我院体育教育专业开设了体育舞蹈普修、专修课程，体育舞蹈运动训练课程和健美操拓展课程。教学内容包括：体育舞蹈的起源、发展；体育舞蹈的锻炼价值和方法；摩登、拉丁、交谊舞等。

**附表 3　课堂教学学时、学分比例表**

| 课程类别 | | 学时 | | 学分 | |
|---|---|---|---|---|---|
| | | 学时 | 占课内总学时比例 | 学分 | 占课内总学分比例 |
| 必修课 | 公共基础课 | 638 | 26.5% | 44.5 | 29.4% |
| | 专业基础课 | 928 | 38.5% | 56.5 | 37.3% |
| 选修课 | 公共选修课 | 80 | 3.3% | 5 | 3.3% |
| | 专业选修课 | 764 | 31.7% | 45.5 | 30% |
| 合计 | | 2410 | 100% | 151.5 | 100% |

**附表 4　理论教学与实践教学学分比例表**

| 类别 | 学分 | 比例 |
|---|---|---|
| 课内讲课 | 体育教学训练方向<br>87.5 | 27.3% |
| | 社会体育方向<br>86.5 | 26.9% |
| 课内实验 | 4 | 1.2% |
| 课内实践 | 体育教学训练方向<br>54 | 16.8% |
| | 社会体育方向<br>55 | 17.1% |
| 单独开设的实验课程 | 0 | 0.0% |
| 课外实践 | 6 | 1.9% |
| 集中安排的实践教学 | 28 | 8.7% |
| 合计 | 321 | 100% |

**附表5　专业教学进程计划表——基本素质模块**

| 课程类别 | 课程名称 | 总学分 | 课内 | | | | | 课外 | 各学期课内周学时分配 | | | | | | | | 考核类型 | 课程归属 |
|---|---|---|---|---|---|---|---|---|---|---|---|---|---|---|---|---|---|---|
| | | | 学分 | 学时 | 学时类型 | | | 学分 | 一 | 二 | 三 | 四 | 五 | 六 | 七 | 八 | | |
| | | | | | 讲课 | 实践 | 实验 | | | | | | | | | | | |
| 公共基础课 | 思想道德修养与法律基础 | 3 | 2.5 | 42 | 40 | 2 | | 0.5 | 3 | | | | | | | | 考试 | 思政教研部 |
| | 中国近现代史纲要 | 2 | 2 | 32 | 30 | 2 | | | | 2 | | | | | | | 考试 | 思政教研部 |
| | 毛泽东思想和中国特色社会主义理论体系概论（一） | 2.5 | 2 | 32 | 28 | 4 | | 0.5 | | 2 | | | | | | | 考查 | 思政教研部 |
| | 毛泽东思想和中国特色社会主义理论体系概论（二） | 3.5 | 3 | 48 | 44 | 4 | | 0.5 | | | 3 | | | | | | 考试 | 思政教研部 |
| | 马克思主义基本理论原理概论 | 3 | 2.5 | 40 | 36 | 4 | | 0.5 | | | | 3 | | | | | 考试 | 思政教研部 |
| | 大学英语（一） | 4.5 | 4.5 | 70 | 56 | 14 | | | 4 (1) | | | | | | | | 考试 | 外语学院 |
| | 大学英语（二） | 5 | 5 | 80 | 64 | 16 | | | | 4 (1) | | | | | | | 考查 | 外语学院 |
| | 大学英语（三） | 5 | 5 | 80 | 64 | 16 | | | | | 4 (1) | | | | | | 考试 | 外语学院 |
| | 大学英语（四） | 2 | 2 | 32 | 32 | | | | | | | 2 | | | | | 考查 | 外语学院 |
| | 大学计算机基础 | 3.5 | 3.5 | 56 | 28 | | 28 | | 2+2 | | | | | | | | 考查 | 信息学院 |
| | 大学生心理健康教育 | 2 | 2 | 32 | 22 | 10 | | | | 2 | | | | | | | 考查 | 教科院 |
| | 大学生职业发展与就业创业教育 | 2.5 | 2.5 | 40 | 40 | | | | 1（16学时）、6（24学时） | | | | | | | | 考查 | 见附表8 |
| | 形势与政策 | 2 | 1 | 18 | 18 | | | 1 | 2（6学时）、3（6学时）、4（6学时） | | | | | | | | 考查 | 见附表8 |
| | 安全教育 | 1 | | | | | | 1 | ■ | ■ | ■ | ■ | ■ | ■ | ■ | ■ | 考查 | 见附表8 |
| | 军事理论与技能训练 | 2 | 1 | 36 | 36 | | | 1 | ■ | | | | | | | | 考查 | 见附表8 |
| | 入学教育 | 1 | | | | | | 1 | ■ | | | | | | | | 考查 | 见附表8 |
| | 小计 | 44.5 | 38.5 | 638 | 538 | 72 | 28 | 6 | 12 | 11 | 8 | 5 | | | | | | |
| | 应修读 44.5 学分，其中课内实践教学 4.5 学分，课外实践 6 学分 | | | | | | | | | | | | | | | | | |

续 表

| 课程类别 | 课程名称 | 总学分 | 课内 | | | | | 课外 | 各学期课内周学时分配 | | | | | | | | 考核类型 | 课程归属 |
|---|---|---|---|---|---|---|---|---|---|---|---|---|---|---|---|---|---|---|
| | | | 学分 | 学时 | 学时类型 | | | 学分 | 一 | 二 | 三 | 四 | 五 | 六 | 七 | 八 | | |
| | | | | | 讲课 | 实践 | 实验 | | | | | | | | | | | |
| 公共选修课 | 公共选修课由学校统一安排，最低修满 5 学分方可毕业。 | | | | | | | | | | | | | | | | | |
| 说明 | 1. 各学期课内周学时分配：第一学期 14 周，其他学期 18 周。<br>2. 各学期课内周学时分配中的周学时计算：讲课周学时 =（讲课学时 + 实践学时）/ 上课周数，课内实验周学时 = 课内实验总学时 / 上课周数，两者之间用“+”分隔，如“2+2”表明讲课周学时为 2，实验周学时为 2。<br>3.“大学生职业发展与就业创业教育”和“形势与政策”两门课程在学期中期进行，其周学时未计入小计。<br>4.“大学英语”的周学时 4（1），表示其讲课周学时为 4，实践周学时为 1。 | | | | | | | | | | | | | | | | | |

**附表 6　专业教学进程计划表——专业基础模块**

| 课程类别 | 课程名称 | 总学分 | 课内 | | | | | 课外 | 各学期课内周学时分配 | | | | | | | | 考核类型 | 课程归属 |
|---|---|---|---|---|---|---|---|---|---|---|---|---|---|---|---|---|---|---|
| | | | 学分 | 学时 | 学时类型 | | | 学分 | 一 | 二 | 三 | 四 | 五 | 六 | 七 | 八 | | |
| | | | | | 讲课 | 实践 | 实验 | | | | | | | | | | | |
| 专业基础课 | 运动解剖学 | 2.5 | 2.5 | 42 | 36 | | 6 | | 3 | | | | | | | | 考试 | 体育学院 |
| | 运动生理学 | 3.5 | 3.5 | 54 | 44 | | 10 | | | 3 | | | | | | | 考试 | 体育学院 |
| | 体育保健学 | 2 | 2 | 36 | 28 | | 8 | | | | 2 | | | | | | 考试 | 体育学院 |
| | 学校体育学 | 2 | 2 | 36 | 36 | | | | | | | 2 | | | | | 考试 | 体育学院 |
| | 体育心理学 | 2 | 2 | 36 | 30 | | 6 | | | | | | 2 | | | | 考试 | 体育学院 |
| | 运动训练学 | 2 | 2 | 36 | 36 | | | | | | 2 | | | | | | 考试 | 体育学院 |
| | 体育社会学 | 2 | 2 | 36 | 36 | | | | | | | 2 | | | | | 考试 | 体育学院 |

续 表

| 课程类别 | 课程名称 | 总学分 | 课内 | | | | | 课外 | 各学期课内周学时分配 | | | | | | | | 考核类型 | 课程归属 |
|---|---|---|---|---|---|---|---|---|---|---|---|---|---|---|---|---|---|---|
| | | | 学分 | 学时 | 学时类型 | | | 学分 | 一 | 二 | 三 | 四 | 五 | 六 | 七 | 八 | | |
| | | | | | 讲课 | 实践 | 实验 | | | | | | | | | | | |
| 专业基础课 | 体育概论 | 2 | 2 | 28 | 28 | | | | 2 | | | | | | | | 考试 | 体育学院 |
| | 田径(一) | 2.5 | 2.5 | 42 | 6 | 36 | | | 3 | | | | | | | | 考试 | 体育学院 |
| | 田径(二) | 3.5 | 3.5 | 54 | 10 | 44 | | | | 3 | | | | | | | 考试 | 体育学院 |
| | 体操(一) | 2 | 2 | 28 | 4 | 24 | | | 2 | | | | | | | | 考试 | 体育学院 |
| | 体操(二) | 2 | 2 | 36 | 6 | 30 | | | | 2 | | | | | | | 考试 | 体育学院 |
| | 健美操* | 2 | 2 | 36 | 6 | 30 | | | | | 2 | | | | | | 考试 | 体育学院 |
| | 体育舞蹈* | 2 | 2 | 36 | 6 | 30 | | | | | | 2 | | | | | 考试 | 体育学院 |
| | 武术 | 3.5 | 3.5 | 54 | 8 | 46 | | | | | | 3 | | | | | 考试 | 体育学院 |
| | 篮球(一) | 2 | 2 | 28 | 4 | 24 | | | 2 | | | | | | | | 考试 | 体育学院 |
| | 篮球(二) | 2 | 2 | 36 | 6 | 30 | | | | 2 | | | | | | | 考试 | 体育学院 |
| | 排球 | 3.5 | 3.5 | 54 | 8 | 46 | | | | | 3 | | | | | | 考试 | 体育学院 |
| | 足球 | 3.5 | 3.5 | 54 | 8 | 46 | | | | | 3 | | | | | | 考试 | 体育学院 |
| | 基础教育学 | 3 | 3 | 51 | 45 | 6 | | | | | 3 | | | | | | 考试 | 教科院 |
| | 心理学基础 | 3 | 3 | 51 | 39 | 6 | 6 | | | 3 | | | | | | | 考试 | 教科院 |
| | 普通话与教师语言 | 2 | 2 | 28 | 20 | 8 | | | 2 | | | | | | | | 考查 | 文学院 |

续　表

| 课程类别 | 课程名称 | 总学分 | 课内 | | | | | 课外 | 各学期课内周学时分配 | | | | | | | | 考核类型 | 课程归属 |
|---|---|---|---|---|---|---|---|---|---|---|---|---|---|---|---|---|---|---|
| | | | 学分 | 学时 | 学时类型 | | | 学分 | | | | | | | | | | |
| | | | | | 讲课 | 实践 | 实验 | | 一 | 二 | 三 | 四 | 五 | 六 | 七 | 八 | | |
| 专业基础课 | 中学体育教学研究与技能训练 | 2 | 2 | 36 | 16 | 20 | | | | | | | | | 2 | | 考查 | 体育学院 |
| | 小计 | 56.5 | 56.5 | 928 | 466 | 426 | 36 | 0 | 14 | 13 | 15 | 9 | 2 | 0 | 2 | 0 | | |
| | 应修读 56.5 学分，其中实践教学 27 学分 | | | | | | | | | | | | | | | | | |
| 说明 | 1. 各学期课内周学时分配：第一学期 14 周，其他学期 18 周。<br>2. 各学期课内周学时分配中的周学时计算：讲课周学时 =（讲课学时 + 实践学时）/ 上课周数，课内实验周学时 = 课内实验总学时 / 上课周数，两者之间用“+”分隔，如“2+2”表明讲课周学时为 2，实验周学时为 2。<br>3. 专业特色课程：在课程名称右上方用＊标示。 | | | | | | | | | | | | | | | | | |

**附表 7　专业教学进程计划表——专业应用模块**

| 课程类别 | | 课程名称 | 总学分 | 课内 | | | | | 课外 | 各学期课内周学时分配 | | | | | | | | 考核类型 | 课程归属 |
|---|---|---|---|---|---|---|---|---|---|---|---|---|---|---|---|---|---|---|---|
| | | | | 学分 | 学时 | 学时类型 | | | 学分 | | | | | | | | | | |
| | | | | | | 讲课 | 实践 | 实验 | | 一 | 二 | 三 | 四 | 五 | 六 | 七 | 八 | | |
| 专业选修课 | 专业限选课 | 体育教学训练方向（模块一） | | | | | | | | | | | | | | | | | |
| | | 中学生心理健康教育 | 2 | 2 | 32 | 24 | 4 | 4 | | | | | | 2 | | | | 考查 | 教科院 |
| | | 教师学导论 | 1 | 1 | 18 | 14 | 4 | | | | | | 2<br>前 | | | | | 考查 | 教科院 |
| | | 教育研究方法 | 1 | 1 | 18 | 12 | 6 | | | | | | 2<br>后 | | | | | 考查 | 教科院 |

续 表

| 课程类别 | 课程名称 | | 总学分 | 课内 | | | | | 课外学分 | 各学期课内周学时分配 | | | | | | | | 考核类型 | 课程归属 |
|---|---|---|---|---|---|---|---|---|---|---|---|---|---|---|---|---|---|---|---|
| | | | | 学分 | 学时 | 学时类型 | | | | | | | | | | | | | |
| | | | | | | 讲课 | 实践 | 实验 | | 一 | 二 | 三 | 四 | 五 | 六 | 七 | 八 | | |
| 专业选修课 | 专业限选课 | 体育竞赛裁判学 | 2 | 2 | 36 | 36 | | | | | | | | | 2 | | | 考查 | 体育学院 |
| | | 体育管理学 | 2 | 2 | 36 | 36 | | | | | 2 | | | | | | | 考试 | 体育学院 |
| | | 体育科学研究方法 | 2 | 2 | 36 | 36 | | | | | | | 2 | | | | | 考查 | 体育学院 |
| | | 球类（乒／羽） | 2 | 2 | 36 | | 36 | | | | | | | | 2 | | | 考查 | 体育学院 |
| | | 田径、篮球、排球、足球、体操、武术、健美操、体育舞蹈教学理论与实践（一） | 4.5 | 4.5 | 72 | 12 | 60 | | | | | | | 4 | | | | 考试 | 体育学院 |
| | | 田径、篮球、排球、足球、体操、武术、健美操、体育舞蹈教学理论与实践（二） | 4.5 | 4.5 | 72 | 12 | 60 | | | | | | | | 4 | | | 考试 | 体育学院 |
| | | 球类（包括篮球、排球、田径、篮球、排球、足球）、体操、武术、健美操、体育舞蹈教学理论与实践（三） | 4.5 | 4.5 | 72 | 12 | 60 | | | | | | | | | 4 | | 考试 | 体育学院 |
| | | 体育测量与评价 | 2 | 2 | 36 | 36 | | | | | | | | 2 | | | | 考试 | 体育学院 |
| | | 中学体育教材教法 | 2 | 2 | 36 | 36 | | | | | | | | | | 2 | | 考查 | 体育学院 |
| | | 体育教学论 | 2 | 2 | 36 | 36 | | | | | | | | 2 | | | | 考试 | 体育学院 |
| | | 体育绘图 | 1 | 1 | 18 | 18 | | | | | | | 1 | | | | | 考查 | 体育学院 |
| | | 体育游戏 | 1 | 1 | 18 | | 18 | | | | | | 1 | | | | | 考查 | 体育学院 |

续 表

| 课程类别 | | 课程名称 | 总学分 | 课内 | | | | | 课外 | 各学期课内周学时分配 | | | | | | | | 考核类型 | 课程归属 |
|---|---|---|---|---|---|---|---|---|---|---|---|---|---|---|---|---|---|---|---|
| | | | | 学分 | 学时 | 学时类型 | | | 学分 | 一 | 二 | 三 | 四 | 五 | 六 | 七 | 八 | | |
| | | | | | | 讲课 | 实践 | 实验 | | | | | | | | | | | |
| 专业选修课 | 专业限选课 | 合计 | 33.5 | 33.5 | 572 | 320 | 248 | 4 | 0 | 0 | 2 | 0 | 6 | 10 | 8 | 6 | 0 | | |
| | | 应修读 33.5 学分，其中实践教学 15.5 学分 | | | | | | | | | | | | | | | | | |
| | | 社会体育方向（模块二） | | | | | | | | | | | | | | | | | |
| | | 中学生心理健康教育 | 2 | 2 | 32 | 24 | 4 | 4 | | | | | | 2 | | | | 考查 | 教科院 |
| | | 教师学导论 | 1 | 1 | 18 | 14 | 4 | | | | | | 2前 | | | | | 考查 | 教科院 |
| | | 教育研究方法 | 1 | 1 | 18 | 12 | 6 | | | | | | 2后 | | | | | 考查 | 教科院 |
| | | 体育竞赛裁判学 | 2 | 2 | 36 | 36 | | | | | | | | | 2 | | | 考查 | 体育学院 |
| | | 体育管理学 | 2 | 2 | 36 | 36 | | | | | 2 | | | | | | | 考试 | 体育学院 |
| | | 体育科学研究方法 | 2 | 2 | 36 | 36 | | | | | | | 2 | | | | | 考查 | 体育学院 |
| | | 球类（乒／羽） | 2 | 2 | 36 | | 36 | | | | | | | | 2 | | | 考查 | 体育学院 |
| | | 田径、篮球、排球、足球、体操、武术、健美操、体育舞蹈教学理论与实践（一） | 4.5 | 4.5 | 72 | 12 | 60 | | | | | | | 4 | | | | 考试 | 体育学院 |
| | | 田径、篮球、排球、足球、体操、武术、健美操、体育舞蹈教学理论与实践（二） | 4.5 | 4.5 | 72 | 12 | 60 | | | | | | | | 4 | | | 考试 | 体育学院 |
| | | 田径、篮球、排球、足球、体操、武术、健美操、体育舞蹈教学理论与实践（三） | 4.5 | 4.5 | 72 | 12 | 60 | | | | | | | | | 4 | | 考试 | 体育学院 |
| | | 运动营养学 | 2 | 2 | 36 | 36 | | | | | | | | 2 | | | | 考试 | 体育学院 |

续 表

| 课程类别 | | 课程名称 | 总学分 | 课内学分 | 课内学时 | 学时类型：讲课 | 学时类型：实践 | 学时类型：实验 | 课外学分 | 一 | 二 | 三 | 四 | 五 | 六 | 七 | 八 | 考核类型 | 课程归属 |
|---|---|---|---|---|---|---|---|---|---|---|---|---|---|---|---|---|---|---|---|
| 专业选修课 | 专业限选课 | 体育统计学 | 2 | 2 | 36 | 36 | | | | | | | | 2 | | | | 考试 | 体育学院 |
| | | 民族民间舞蹈 | 2 | 2 | 36 | 8 | 28 | | | | | | | | 2 | | | 考试 | 体育学院 |
| | | 运动处方 | 1 | 1 | 18 | 18 | | | | | | | 1 | | | | | 考查 | 体育学院 |
| | | 推拿与按摩 | 1 | 1 | 18 | 8 | 10 | | | | | | 1 | | | | | 考查 | 体育学院 |
| | | 合计 | 33.5 | 33.5 | 572 | 300 | 268 | 4 | 0 | 0 | 2 | 0 | 6 | 10 | 10 | 4 | 0 | | |
| | 应修读 33.5 学分，其中实践教学 16.5 学分 | | | | | | | | | | | | | | | | | | |
| | 专业任选课 | 运动生物化学 | 2 | 2 | 32 | 32 | | | | | | | | 2 | | | | 考查 | 体育学院 |
| | | 体育史 | 2 | 2 | 32 | 32 | | | | | | | | 2 | | | | 考查 | 体育学院 |
| | | 体育多媒体课件制作与应用 | 2 | 2 | 32 | 32 | | | | | | | | | 2 | | | 考查 | 体育学院 |
| | | 体育科学文献选读 | 2 | 2 | 32 | 32 | | | | | | | | | | 2 | | 考查 | 体育学院 |
| | | 保健气功、拳击、散打、跆拳道 | 2+2 | 2+2 | 32+32 | 4+4 | 28+28 | | | | | | | | 2+2 | | | 考查 | 体育学院 |
| | | 手球、软式排球、舞龙舞狮、定向运动与野外生存 | 2+2 | 2+2 | 32+32 | 4+4 | 28+28 | | | | | | | | | 2+2 | | 考查 | 体育学院 |
| | | 合计 | 12 | 12 | 192 | 80 | 112 | 0 | 0 | 0 | 0 | 0 | 0 | 2 | 4 | 4 | 0 | | |
| | | 应修读 12 学分，其中实践教学 7 学分 | | | | | | | | | | | | | | | | | |
| | | 至少应修读 45.5 学分，其中体育教学训练方向实践教学不少于 22.5 学分，社会体育方向实践教学不少于 23.5 学分 | | | | | | | | | | | | | | | | | |
| 说明 | 1. 各学期课内周学时分配：第一学期 14 周，其他学期 18 周。<br>2. 各学期课内周学时分配中的周学时计算：讲课周学时 =（讲课学时 + 实践学时）/ 上课周数，课内实验周学时 = 课内实验总学时 / 上课周数，两者之间用“+”分隔，如“2+2”表明讲课周学时为 2，实验周学时为 2。<br>2. 专业特色课程：在课程名称右上方用 * 标示。<br>3. 每个方向所有课程的总学分原则上应保持一致，每个学生限选一个方向，方向确定后必须修读整个模块的所有课程。<br>4. 不设模块方向的，可以规定若干门专业限选课。<br>5. 第八学期主要为教育实习和毕业论文时间。 | | | | | | | | | | | | | | | | | | |

附表 8　集中安排的实践教学环节——专业应用模块

<table>
<tr><th>类型</th><th>实践环节名称</th><th>主要内容</th><th>周数</th><th>学分</th><th>时间安排</th><th>备　注</th></tr>
<tr><td rowspan="7">公共基础类（6 学分）</td><td>思想道德修养与法律基础</td><td>实地参观考察等</td><td></td><td>0.5</td><td rowspan="4">各学期</td><td rowspan="4">由思想政治理论课教学研究部组织实施</td></tr>
<tr><td>毛泽东思想和中国特色社会主义理论体系概论</td><td>实地参观考察等</td><td></td><td>1</td></tr>
<tr><td>马克思主义基本理论原理概论</td><td>实地参观考察等</td><td></td><td>0.5</td></tr>
<tr><td>形势与政策</td><td>社会调研、实地参观考察等</td><td></td><td>1</td></tr>
<tr><td>军事理论与技能训练</td><td>军事技能训练</td><td></td><td>1</td><td>第 1 学期</td><td>由学生处、保卫处会同有关单位组织实施</td></tr>
<tr><td>入学教育</td><td>校史、校情、校纪、校规、专业教育等</td><td></td><td>1</td><td>第 1 学期</td><td>由学生处和体育学院共同组织实施</td></tr>
<tr><td>安全教育</td><td>人身安全、财产安全、交通安全、防火安全等方面的教育</td><td></td><td>1</td><td>各学期</td><td>由保卫处、学生处、体育学院共同组织实施</td></tr>
<tr><td>专业类（18 学分）</td><td>教育实习与毕业论文</td><td></td><td>18</td><td>18</td><td>第 8 学期</td><td>由体育学院组织实施</td></tr>
<tr><td rowspan="3">素质拓展与创新创业类（10 学分）</td><td>社会实践</td><td>社会调查与社会服务</td><td>4</td><td>4</td><td>各学期</td><td rowspan="3">由学生处、团委和体育学院共同组织实施</td></tr>
<tr><td>大学生职业发展与就业创业教育</td><td>就业与创业教育实训、实践</td><td>2</td><td>2</td><td>第 2 至第 5 和第 7 学期</td></tr>
<tr><td>专业竞赛</td><td>教学基本功竞赛</td><td>6</td><td>6</td><td>第 6 学期</td></tr>
<tr><td colspan="7">学生至少完成 28 学分，其中专业类至少完成 18 学分</td></tr>
<tr><td colspan="7">说明：1. 公共基础类学分已计入公共基础课的学分计算，在此环节不统计。<br>2. 集中安排的实践教学环节中的各类课程均可根据实际需要纳入暑期实践教学小学期进行。<br>3. 素质拓展与创新创业实践主要包括社会实践、校园文化、学科专业竞赛、创新创业与科技活动等。</td></tr>
</table>

# 附录3：幼儿体育教育专业人才培养方案

## 一、专业介绍

①专业名称：幼儿教育

②招收对象：初中毕业生或具有同等学力者

③学制：三年

## 二、培养目标

本专业培养与我国社会主义现代化建设要求相适应，德、智、体、美全面发展，具有积极的人生态度、健康的心理素质、良好的职业道德和较扎实的文化基础知识；具有获取新知识、新技能的意识和能力，能适应不断变化的职业社会；了解幼儿园的保教工作流程，遵循幼儿园教育与管理工作规律，重视环境教育，能解决幼儿园保育和教育中的一般性专业问题的工作人员。面向幼儿教育行业，培养具有基本的科学文化素养，较强的就业能力和一定的创业能力，从事与幼儿教育相关的教师、保育员、文员及管理等岗位工作的人才，兼顾学生进一步深造学习的需求。

## 三、人才规格要求

### （一）基本素质要求

①思想道德素质：具有正确的人生观、价值观和良好的职业操守。

②文化素质：文化基础知识扎实，具有良好的文化素养和人文素质。

③身心素质：具有健康的体魄、良好的行为习惯和心理状态。

④业务素质：具有应用本专业基础理论的能力，具有继续学习和再提高的能力，具有开拓意识和创新精神。

### （二）专业能力要求

①能进行幼儿园的日常保育工作。

②能在教育教学中使用标准普通话。

③能独立进行部分学科的教育与教学活动。

④能组织开展幼儿园游戏活动。

⑤能积极为幼儿创设与教育相适应的良好环境。

### （三）情感与态度要求

①关爱儿童，尊重儿童的权利，平等地对待每一位儿童。

②热爱婴幼儿教育事业，注重保教结合。

③尊重其他教师和家长，愿意与他们进行沟通和合作。

④培养终身学习的意识。

## 四、课程设置

附表 9　课程设置表

| 序号 | 课程名称 | 学时数 | 计划内学时 | | 学期教学周数及周学时数 | | | | | | 备注 |
|---|---|---|---|---|---|---|---|---|---|---|---|
| | | | 理论 | 实训 | 一学年 | | 二学年 | | 三学年 | | |
| | | | | | 22 | 20 | 22 | 20 | 22 | 20 | |
| 1 | 道德法律与人生 | 44 | 34 | 10 | 2 | | | | | | |
| 2 | 经济与政治常识 | 40 | 30 | 10 | | 2 | | | | | |
| 3 | 职业道德与职业指导 | 44 | 34 | 10 | | | 2 | | | | |
| 4 | 学习高技能人才楷模与专题 | 40 | 20 | 20 | | | | 2 | | | |
| 5 | 语文 | 168 | 108 | 60 | 4 | 4 | | | | | |
| 6 | 数学 | 168 | 128 | 40 | 4 | 4 | | | | | |
| 7 | 英语 | 168 | 108 | 60 | 4 | 4 | | | | | |
| 8 | 计算机应用基础 | 84 | 24 | 60 | 2 | 2 | | | | | |
| 9 | 体育与健康 | 168 | 18 | 150 | 2 | 2 | 2 | 2 | | | |
| 10 | 学前教育学 | 84 | 44 | 40 | 2 | 2 | | | | | |
| 11 | 学前心理学 | 168 | 88 | 80 | 4 | 4 | | | | | |
| 12 | 学前卫生学 | 168 | 88 | 80 | 4 | 4 | | | | | |
| 13 | 声乐 | 168 | 88 | 80 | 4 | 4 | | | | | |
| 14 | 儿童文学 | 168 | 88 | 80 | | | 4 | 4 | | | |

续 表

| 序号 | 课程名称 | 学时数 | 计划内学时 | | 学期教学周数及周学时数 | | | | | | 备注 |
|---|---|---|---|---|---|---|---|---|---|---|---|
| | | | 理论 | 实训 | 一学年 | | 二学年 | | 三学年 | | |
| | | | | | 22 | 20 | 22 | 20 | 22 | 20 | |
| 15 | 教师口语 | 84 | 44 | 40 | | | 2 | 2 | | | |
| 16 | 美术 | 168 | 48 | 120 | | | 4 | 4 | | | |
| 17 | 手工制作 | 84 | 44 | 40 | | | 2 | 2 | | | |
| 18 | 琴法 | 168 | 88 | 80 | | | 4 | 4 | | | |
| 19 | 舞蹈 | 168 | 48 | 120 | | | 4 | 4 | | | |
| 20 | 幼儿园环境创设 | 168 | 48 | 120 | | | 4 | 4 | | | |
| 21 | 幼儿园活动设计与指导 | 168 | 48 | 120 | | | 4 | 4 | | | |
| 22 | 实习 | 1512 | 12 | 1500 | | | | | 36 | 36 | |
| 合计 | | 4200 | 1280 | 2920 | 32 | 32 | 32 | 32 | 36 | 36 | |
| 总学时 | | 4200 | 1280 | 2920 | 704 | 640 | 704 | 640 | 792 | 720 | |

**附表10　教学进程表**

| 学年 | 学期 | 教学周历 | | | | | | | | | | | | | | | | | | | |
|---|---|---|---|---|---|---|---|---|---|---|---|---|---|---|---|---|---|---|---|---|---|
| | | 1 | 2 | 3 | 4 | 5 | 6 | 7 | 8 | 9 | 10 | 11 | 12 | 13 | 14 | 15 | 16 | 17 | 18 | 19 | 20 |
| 一 | 1 | △ | ★ | ★ | ○ | 〓 | 〓 | 〓 | ○ | ○ | ○ | ○ | 〓 | 〓 | 〓 | ○ | ○ | ○ | 〓 | … | ∽ |
| | 2 | ○ | ○ | ○ | ○ | 〓 | 〓 | 〓 | ○ | ○ | ■ | ○ | 〓 | 〓 | 〓 | ○ | ○ | ○ | ● | … | ∽ |
| 二 | 3 | ○ | ○ | ○ | ○ | 〓 | 〓 | 〓 | ○ | ○ | ■ | ○ | 〓 | 〓 | 〓 | ○ | ○ | ○ | ● | … | ∽ |
| | 4 | ○ | ○ | ○ | ○ | 〓 | 〓 | 〓 | ○ | ○ | ■ | ○ | 〓 | 〓 | 〓 | ○ | ○ | ○ | ● | … | ∽ |
| 三 | 5 | ○ | ○ | ○ | ○ | 〓 | 〓 | 〓 | ○ | ○ | ■ | ○ | 〓 | 〓 | 〓 | ○ | ○ | ○ | ● | … | ∽ |
| | 6 | ☆ | ☆ | ☆ | ☆ | ☆ | ☆ | ☆ | ☆ | ☆ | ☆ | ☆ | ☆ | ☆ | ☆ | ☆ | ☆ | ▲□ | ▲□ | ∽ | ∽ |

入学教育△　考试…　实践教学○　理论教学〓　军训★　见习■
毕业答辩▲　毕业实习☆　教师技能检测●　毕业设计□　机动∽

附表 11 课程结构比例分布表

| 课程性质 | 课程属性 | 学时分布 | | | 学分结构 | | | 学时结构 | | | | |
|---|---|---|---|---|---|---|---|---|---|---|---|---|
| | | 理论 | 实践 | 理论＋实践 | 学分分布 | 分布比例 | 本专业最低总学分 | 总学时数 | 理论教学学时 | 实践教学学时（实践学时与理论＋实践学时和） | 理论、实践教学学时比 | 课内教学总学时数 |
| 必修课 | 公共课 | 436 | 120 | 62 | 31 | 20% | | | | | | |
| | 专业基础课 | 158 | | 598 | 48 | 31% | | | | | | |
| | 专业课 | 224 | 780 | 173 | 50 | 33% | | | | | | |
| | 小计 | 818 | 900 | 833 | 129 | 84% | | | | | | |
| 选修课 | 公共课 | 144 | | | 9 | 6% | | | | | | |
| | 专业基础课 | 32 | | 128 | 10 | 6% | | | | | | |
| | 专业课 | | | 96 | 6 | 4% | | | | | | |
| | 小计 | 176 | | 224 | 25 | 16% | | | | | | |
| 合计 | | 994 | 900 | 1057 | 154 | 100% | 154 | 2951 | 994 | 1957 | 33：67 | 2021 |

## 五、教学要求

本专业教学计划主要由公共文化基础课程和专业课程组成，以下是各课程的学习要求。

### （一）公共文化基础课程

1．道德法律与人生

依据《技工院校课程设置方案》开设。从职业技能和理想教育入手，帮助学生树立正确的学习目标，掌握科学的学习方法，激发投身学习生活的热情。从适应青春期心理变化的角度，为学生指点迷津，解决心理困惑，从而树立自强自立的决心，学会建立平等友爱、互帮互助的良好人际关系。以社会主义道德建设的核心和原则为出发点，从恪守道德规范和养成良好行为习惯的角度，介绍公民道德、青少年行为规范的基本要求，介绍依法治国的观念、宪法的概念和作用，以及与生活紧密相关的法律法规知识，帮助学生提高道德修养，增强守法意识，提高自我约束能力，学会维护自身的合法权益。关注人生道路，倡导积极的人生态度，从践行社会主义核心价值观的高度，引导学生将个人梦想与国家梦想联系起来，在实现中国梦的过程中实现人生价值。

2. 经济与政治常识

依据《技工院校课程设置方案》开设。教材从身边常见的经济、政治现象出发，讲解基本的经济、政治常识，探讨其中的道理和规律。通过对教材的学习，学生将丰富自己的知识结构，增强理解经济、政治问题的能力，为将来步入社会、走进职业生活奠定一定的基础。

3. 职业道德与职业指导

依据《技工院校课程设置方案》开设。学生会深刻感悟到最受企业欢迎的人都具有哪些优秀的职业品质，学生会深刻理解职业活动为什么要坚持集体主义这一社会主义道德建设的原则，为什么只有践行社会主义核心价值观，才能真正将爱岗敬业、诚实守信作为自己的从业之道、立业之本，学生更将深刻领悟把个人理想融入中国梦的意义。学生将从职业态度、职业形象、职业技能和职业素养四个方面，学习如何将自己打造成一名优秀的企业员工，如何将自己锤炼成一个杰出的高素质技能人才。在这里，学生还将涉猎如何让自己成为一个成功的创业者、成为一个有发展潜力的个体经营者，甚至能够具备优秀企业家所具有的经营管理能力和独特的人格魅力。

4. 中国高技能人才楷模事迹读本

依据《技工院校课程设置方案》开设。从书中的一篇篇实际事迹，我们可以看到各位楷模人才的经历和技能贡献。他们立足平凡的工作岗位，刻苦钻研知识和技术，执着追求，不断进取，铸就了岗位人才的辉煌；他们善于思考，勇于创新，以非凡的胆识和才智，成功解决了最复杂的技术问题；他们爱岗敬业，以高度的责任心投入自己从事的工作，用无私奉献谱写出了壮丽的人生篇章。他们是时代产业技术工人的代表，从他们身上，我们可以看到新时代技能人才的风貌，感受到技能强国的意志和决心。

5．语文

依据《技工院校课程设置方案》开设。通过对优秀文学作品的阅读和欣赏，通过口语交际和写作的练习，通过校园生活、社会生活和职业生活等活动的综合实践，培养学生热爱祖国语言文字的思想感情，使学生进一步提高正确理解与运用祖国语言文字的能力，提高科学文化素养，以适应就业和创业的需要。指导学生学习必需的语文基础知识，提升日常生活和职业岗位需要的阅读能力、写作能力、口语交际能力，以及初步的文学作品欣赏能力和文言文阅读能力。指导学生掌握基本的语文学习方法，养成自学和运用语文的良好习惯。引导学生重视语言的积累，接受优秀文化的熏陶，提高思想品德修养和审美情趣，形成良好的个性、健全的人格，促进职业生涯的发展。

6．数学

依据《技工院校课程设置方案》开设。通过对相关数学知识的学习，培养学生的计算技能、计算工具使用技能和数据处理技能，提高学生的观察能力、空间想象能力、分析与解决问题能力、数学思维能力和实践能力。

7．英语

依据《技工院校课程设置方案》开设。培养学生的听、说、读、写等语言技能，激发和培养学生学习英语的兴趣，提高学生学习的自信心，帮助学生掌握学习策略，养成良好的学习习惯，提高自主学习能力。重点培养学生能借助字典看懂与专业有关的简单的科技资料，会一些与专业有关的基本交际用语。

8．计算机应用基础

依据《技工院校课程设置方案》开设。通过对计算机基础知识的学习，学生能进一步了解、掌握计算机应用基础知识，进而提高计算机基本操作、网络应用、多媒体技术应用等方面的技能，体验利用计算机技术获取信息、处理信息、分析信息、发布信息的过程，逐渐养成独立思考、主动探究的习惯培养严谨的科学态度和团队协作意识。

9．体育与健康

依据《技工院校课程设置方案》开设。使学生树立“健康第一”的思想，传授体育与健康的基本文化知识，通过科学指导和安排体育锻炼过程，培养学生的健康人格，使其增强体能素质，提高综合职业能力。

### （二）专业课程

1. 学前教育学

本课程为幼师专业理论课程，主要包括幼儿教育的意义与发展、我国幼儿教育制度与基本理论、幼儿的全面发展教育、幼儿教师、幼儿园的环境与制度、幼儿园的教育活动及教育的衔接与合作。通过本门课程的学习，学生能对入学前儿童的教育问题形成基本的认识和态度，掌握从事幼儿教育工作的基本知识与技能。

2. 学前心理学

本课程为幼师专业理论课程，主要包括幼儿的感知运动、注意、语言、思维、想象、情绪、个性、气质、社会性等。通过本门课程的学习，学生能着重了解学龄前幼儿心理发展的历程与特征，为学生以后参加教学工作打好基础。

3. 学前卫生保健

本课程主要包括人体概述、幼儿解剖生理特点及卫生、幼儿的生长发育、幼儿的生活制度、幼儿的营养卫生、幼儿的心理卫生、幼儿的常见病和传染病及其预防等内容，通过学习，学生能够知道学前卫生保健是一门研究如何增进幼儿健康的课程。

4. 声乐

本课程主要是学习歌唱发声的基础知识和嗓音保护常识，掌握正确的歌唱姿势和呼吸方法，做到有气息支持的歌唱，使中声区的发声自然统一。学习韵母的正确发音和连音、顿音唱法，歌唱时应注意咬字吐字准确、清晰。学习共鸣调节，并且适当扩展音域。学习演唱不同题材、体裁、风格的齐唱、独唱、二部轮唱，做到音高、节奏准确，歌唱时应具有一定的表现力。

5. 儿童文学

本课程主要包括低幼儿童文学概论、儿童诗歌、童话、寓言、儿童故事、儿童图画读物、儿童科学文艺等内容，通过学习，学生能对低幼文学的主要内容有全面的了解，在掌握低幼文学基础知识的基础上能根据实际教学情况对儿童作品进行创编与改编。

6. 教师口语

本课程为学前教育专业实践性较强的理论课程，主要包括普通话训练、一般口语交际训练和幼儿教师职业口语训练等，使学生掌握教师口语训练的基础理论、基本知识以及技能训练的基本要求，以保证学生课内外口语技能训练做到有序、有效，为学生以后参加教学工作打好基础。

7．美术

主要是掌握绘画的基础知识，培养对美术的兴趣。学习内容包括素描、色彩、平面构成、艺术欣赏、美术史等，通过学习，学生能具备初步的艺术鉴赏能力与较强的艺术实践能力。

8．手工制作

本课程主要包括折纸、泥工、剪纸、撕纸、教具制作等内容，通过学习，学生能学会怎样选择手工材料，掌握手工制作的基本技巧。该课程有利于培养学生的想象力和创造力，能提高学生的审美能力和实际操作能力，陶冶学生的情操。

9．琴法

本课程为演奏技术课程，其学习要求是让手指灵活有力，均衡发展，手腕灵活自如（左、右手须要有同样的能力）；掌握一定的演奏技巧，如音阶、琶音、颤音等，使学生有演奏一定难度作品的能力，为以后即兴弹奏打下良好的基础。

10．舞蹈

本课程是幼儿教育专业舞蹈教学课，主要包括舞蹈基本功训练，如把杆训练、地面训练、跳跃训练、技巧训练等，所学舞蹈的种类有民族舞、古典舞、芭蕾舞、现代舞等，其中以民族舞蹈为主要学习方向。通过本课程的学习，学生能够掌握舞蹈教学的基本要求和舞蹈技巧，为以后的幼儿舞蹈教学打下坚实的基础。

11．幼儿园环境创设

本课程的主要内容包括幼儿园环境创设概述、幼儿园墙饰创设、幼儿园班级活动环境创设、幼儿园室内公共环境创设、幼儿园户外环境创设、国际主流学前教育课程模式环境创设等。培养学生的幼儿园环境创设技能。

12．幼儿园活动设计与指导

本课程为专业实践性较强的理论课程，主要包括如何确定幼儿园的活动目标、幼儿园活动设计的基本原则、幼儿园活动设计的模式、组织幼儿园教学活动的方法、幼儿园教育教学活动手段的选择等。通过本门课程的学习，学生能够掌握幼儿园的主要课程模式、教学方法、教学手段，教师必备的教学技能，学会设计并组织幼儿园教学活动，为直接服务于幼儿园教育教学的实践奠定较为坚实的基础。

## 六、技能鉴定

国家职业资格技能等级证书是技工学校学生专业知识和职业技能的主要标志，也是学生走向社会就业的重要条件。与职业劳动的具体要求密切结合，能更多地反映特定职业的实际工作标准和规范，以及劳动者从事这种职业所达到的实际能力水平。对于即将走上工作岗位的专业学生来说，考取相关职业资格证书是必然的选择。

## 七、顶岗实习

以幼儿教师的身份，深入幼儿园顶岗实习，按本专业培养目标的要求，全面开展实践，以进一步提高综合职业能力。

## 八、实施保障

### （一）师资队伍

本专业拥有学前教育类专业课教师 4 人，音乐舞蹈类专业课教师 3 人，美术类专业课教师 1 人，管理类专业课教师 6 人，基本能够满足幼儿教育专业教学的需要。为解决目前本专业教师结构存在的一体化教师比例不足，高级职称教师有待提升的问题，我们将进一步加强教师队伍建设，有计划地引进一些高学历、高职称的高级人才及有实际工作经验的一体化教师，并支持教师参加各类培训课程，帮助其提高业务水平，以确保本专业的教学质量。

### （二）教学设施

本专业设有儿童卫生保健室、钢琴师室、绘画室、舞蹈室等实训室。拥有卫生保健工作台 12 个、电子钢琴 60 台、绘画架板 60 个、舞蹈室 1 个。教学设施设备能够满足教学需要。

### （三）教学资源

所有教材选用中国劳动社会保障部出版社的标准教材。

### （四）教学方法

公共基础课可以采用讲授式教学、启发式教学、问题探究式教学等方法，通过集体讲解、师生对话、小组讨论、案例分析、演讲竞赛等形式，调动学生的学习积极性，为专业基础课和专业技能课的学习以及再教育奠定基础。

技能基础课可以采用启发式教学、案例式教学、项目式教学等方法，利用集体讲解、师生对话、小组讨论、案例分析、模拟实验等形式，结合实物教学设备、多媒体教学课件、数字化教学资源等，使学生更好地理解和掌握比较抽象的原理性知识，为后续课程的学习奠定扎实的基础。

技能实践课可以采用理实一体化教学、任务驱动式教学、项目式教学等方法组织教学，利用集体讲解、小组讨论、案例分析、分组训练、综合实践等形式，结合实物教学设备、多媒体教学课件、数字化教学资源、仿真模拟软件等，把幼儿教育技能展现在学生面前，提高教学效果。

### （五）学习评价

①课程考核采取综合评价办法，坚持过程评价与结果评价相结合、定性评价与定量评价相结合、主观评价与客观评价相结合的多元化评价原则。

②实行理论考试、实训考核与日常操行表现评价相结合的评价方式，以利于学生综合职业能力的发展。

③理论部分的考核可以采用课堂综合表现评价、作业评价、学习效果课堂展示、综合笔试等多元评价方法。笔试主要针对各部分的基本知识进行命题。

④实践部分采用过程性评价和成果考核相结合的方式。实践考试要设计便于操作的考题和细化的评分标准。实训课程成绩评定由平时成绩结合考核成绩综合确定。实训课程规定的实训项目，学生应全部完成，凡缺做三分之一实训项目者必须在本课程考核前补做，否则实训课程为不合格。

⑤考查课程的成绩评定以过程控制为主，由任课教师综合评定。其成绩结合课堂出勤、平时作业、小测验、实验报告、课程总结、笔试、口试、答辩、上机操作等综合衡量。

⑥要根据课程的特点，注重评价内容的整体性，既要关注学生对知识的理解能力的提高，又要帮助学生养成规范操作、安全操作的良好习惯，形成爱护设备、节约能源、保护环境等意识与观念。

⑦顶岗实习考核主要由企业评价与顶岗实习报告两部分组成。

### （六）质量管理

专业人才培养的质量管理采用学校制定的质量管理体系进行管理。

## 九、毕业生标准

①按规定修满所有文化类课程，成绩合格。

②各项专业技能，经公开考试合格，达到了中级工层次技能标准。

③完成了入学教育、教育见习、教育实习、顶岗实习、毕业设计（考试）等主要实践性教学环节，经鉴定合格。

④获得了普通话水平测试合格证书，以及幼儿教师、育婴师或保育员等职业资格证书。

## 十、毕业去向

本专业毕业生主要面向幼儿园等学前教育行业，培养熟悉幼儿园的日常保育工作，具有关爱儿童、尊重儿童、平等地对待每一位儿童的思想意识，严格按照教育法规从事幼儿教育行业，能在教育教学中使用标准普通话进行部分学科的教育与教学活动，能组织开展幼儿园游戏活动，并积极为幼儿创设与教育相适应的良好环境的工作人员。